Cantares de mio Cid

El Poema Épico
Los Romances
y el
Carmen Campidoctoris

Prólogo y Edición:
Alberto Montaner Frutos

Textos Originales

ISBN: 978-1-949938-13-5
Library of Congress Control Number: 2022933087

Set in Linotype Granjon font family typeface
Printed in the United States of America on acid-free paper.

Published by Stockcero, Inc.
3785 N.W. 82nd Avenue
Doral, FL 33166
USA
stockcero@stockcero.com

Cantares de mio Cid

El Poema Épico
Los Romances
y el
Carmen Campidoctoris

Prólogo y Edición:
Alberto Montaner Frutos

Textos Originales

Contenido

Introducción

Rodrigo el Campeador, Personaje Histórico

Los héroes de las epopeyas y gestas antiguas y modernas son en muchos casos fruto de la imaginación individual o colectiva. Algunos de ellos, no obstante, se basan de manera más o menos lejana en personas de carne y hueso, cuya fama las convirtió en figuras legendarias, hasta el punto de que resulta muy difícil saber qué hay de histórico en el relato de sus hazañas. En este, como en tantos otros terrenos, el caso del Cid es excepcional. Aunque su biografía corrió durante siglos entreverada de leyenda, hoy conocemos su vida real con bastante exactitud e incluso poseemos, lo que no deja de ser asombroso, un autógrafo suyo, la firma que estampó al dedicar a la Virgen María la catedral de Valencia «el año de la Encarnación del Señor de 1098». En dicho documento, el Cid, que nunca utilizó oficialmente esa designación, se presenta a sí mismo como «el príncipe Rodrigo el Campeador». Veamos cuál fue su historia.

Rodrigo Díaz nació, según afirma una tradición constante, aunque sin corroboración documental, en Vivar, hoy Vivar del Cid, un lugar perteneciente al ayuntamiento de Quintanilla de Vivar y situado en el valle del río Ubierna, a diez kilómetros al norte de Burgos. La fecha de su nacimiento es desconocida, algo frecuente cuando se trata de personajes medievales, y se han propuesto dataciones que van de 1041 a 1057, aunque parece lo más acertado situarlo entre 1045 y 1049. Su padre, Diego Laínez (o Flaínez), era, según todos los indicios, uno de los hijos del magnate Flaín Muñoz, conde de León en torno al año 1000. Como era habitual en los segundones, Diego se alejó del núcleo familiar para buscar fortuna. En su caso, la halló en el citado valle del Ubierna, en el que se destacó durante la guerra con Navarra librada en 1054, reinando Fernando I de Castilla y León. Fue entonces cuando adquirió las posesiones de Vivar en las que seguramente nació Rodrigo, además de arrebatarles a los navarros los castillos de Ubierna, Urbel y La Piedra. Pese a ello, nunca perteneció a la corte, posiblemente porque su familia había caído en desgracia a principios del siglo XI, al sublevarse contra Fernando I. En cambio, Rodrigo fue pronto acogido en ella, pues se crió como miembro del séquito del infante don Sancho, el primogénito del rey. Fue éste quien lo nombró caballero y con el que acudió al que posiblemente sería su primer combate, la batalla de Graus (cerca de Huesca), en 1063. En aquella ocasión, las tropas castellanas habían acudido en ayuda del rey moro de Zaragoza, protegido del rey castellano, contra el avance del rey de Aragón, Ramiro I, quien murió precisamente en esa batalla.

Al fallecer Fernando I, en 1065, había seguido la vieja costumbre de repartir sus reinos entre sus hijos, dejando al mayor, Sancho, Castilla; a Alfonso, León y a García, Galicia. Igualmente, legó a cada uno de ellos el protectorado sobre determinados reinos andalusíes, de los que recibirían el tributo de protección llamado *parias*. El equilibrio de fuerzas era inestable y pronto comenzaron las fricciones, que acabaron conduciendo a la guerra. En 1068 Sancho II y Alfonso VI se enfrentaron en la batalla de Llantada, a orillas del Pisuerga, vencida por el primero, pero que no resultó decisiva. En 1071, Alfonso logró controlar Galicia, que quedó nominalmente repartida entre él y Sancho, pero esto no logró acabar con los enfrentamientos y en 1072 se libró la batalla de Golpejera o Vulpejera, cerca de Carrión, en la que Sancho venció y capturó a Alfonso y se adueñó de su reino. El joven Rodrigo (que a la sazón andaría por los veintitrés años) se destacó en estas luchas y, según una vieja tradición, documentada ya a fines del siglo XII, fue el alférez o abanderado de don Sancho en dichas lides, aunque en los documentos de la época nunca consta con ese cargo. En cambio, es bastante probable que ganase entonces el sobrenombre de *Campeador*, es decir, «el Batallador», que le acompañaría toda su vida, hasta el punto de ser habitualmente conocido, tanto entre cristianos como entre musulmanes, por Rodrigo el Campeador. Después de la derrota de don Alfonso (que logró exiliarse en Toledo), Sancho II había reunificado los territorios regidos por su padre. Sin embargo, no disfrutaría mucho tiempo de la nueva situación. A finales del mismo año de 1072, un grupo de nobles leoneses descontentos, agrupados entorno a la infanta doña Urraca, hermana del rey, se alzaron contra él en Zamora. Don Sancho acudió a sitiarla con su ejército, cerco en el que Rodrigo realizó también notables acciones, pero que al rey le costó la vida, al ser abatido en un audaz golpe de mano por el caballero zamorano Bellido Dolfos.

La imprevista muerte de Sancho II hizo pasar el trono a su hermano Alfonso, que regresó rápidamente de Toledo para ocuparlo. Las leyendas del siglo XIII han transmitido la célebre imagen de un severo Rodrigo que, tomando la voz de los desconfiados vasallos de don Sancho, obliga a jurar a don Alfonso en la iglesia de Santa Gadea (o Águeda) de Burgos que nada tuvo que ver en la muerte de su hermano, osadía que le habría ganado la duradera enemistad del nuevo monarca. Por el contrario, nadie le exigió semejante juramento y además el Campeador, que figuró regularmente en la corte, gozaba de la confianza de Alfonso VI, quien lo nombró juez en sendos pleitos asturianos en 1075. Es más, por esas mismas fechas (en 1074, seguramente), el rey lo casó con una pariente suya, su prima tercera doña Jimena Díaz, una noble dama leonesa que, según las investigaciones más recientes, era además sobrina segunda del propio Rodrigo por parte de padre. Un matrimonio de semejante alcurnia era una de las aspiraciones de todo noble que no fuese de primera fila, lo cual revela que el Campeador estaba cada vez mejor situado en la corte

Así lo muestra también que don Alfonso lo pusiese al frente de la embajada enviada a Sevilla en 1079 para recaudar las parias que le adeudaba el rey al-Mutamid, mientras que García Ordóñez (uno de los garantes de las capitulaciones matrimoniales de Rodrigo y Jimena) acudía a Granada con una misión similar. Mientras Rodrigo desempeñaba su delegación, el rey Abdalá de Granada, secundado por los embajadores castellanos, atacó al rey de Sevilla. Como éste se hallaba bajo la protección de Alfonso VI, precisamente por el pago de las parias que había ido a recaudar el Campeador, éste tuvo que salir en defensa de al-Mutamid y derrotó a los invasores junto a la localidad de Cabra (en la actual provincia de Córdoba), capturando a García Ordóñez y a otros magnates castellanos. La versión tradicional es que en los altos círculos cortesanos sentó muy mal que Rodrigo venciera a uno de los suyos, por lo que empezaron a murmurar de él ante el rey. Sin embargo, no hay seguridad de que esto provocase hostilidad contra el Campeador, entre otras cosas porque a Alfonso VI le interesaba, por razones políticas, apoyar al rey de Sevilla frente al de Badajoz, de modo que la participación de sus nobles en el ataque granadino no debió de gustarle gran cosa.

De todos modos, fueron similares causas políticas las que hicieron caer en desgracia a Rodrigo. En esos delicados momentos, Alfonso VI mantenía en el trono de Toledo al rey títere Alqadir, pese a la oposición de buena parte de sus súbditos. En 1080, mientras el monarca castellano dirigía una campaña destinada a restaurar el gobierno de su protegido, una incontrolada partida andalusí procedente del norte toledano se adentró por tierras sorianas. Rodrigo hizo frente a los saqueadores y los persiguió con su mesnada hasta más allá de la frontera, lo que, en principio, era sólo una operación rutinaria. Sin embargo, en tales circunstancias, el ataque castellano iba a servir de excusa para la facción contraria a al-Qadir y a Alfonso VI. Además, los restantes reyes de taifas se preguntarían de qué servía pagar las parias, si eso no les garantizaba la protección. Al margen, pues, de que interviniesen en el asunto García Ordóñez (que era conde de Nájera) u otros cortesanos opuestos a Rodrigo, el rey debía tomar una decisión ejemplar al respecto, conforme a los usos de la época. Así que desterró al Campeador.

Rodrigo Díaz partió al exilio seguramente a principios de 1081. Como otros muchos caballeros que habían perdido antes que él la confianza de su rey, acudió a buscar un nuevo señor a cuyo servicio ponerse, junto con su mesnada. Al parecer, se dirigió primeramente a Barcelona, donde a la sazón gobernaban dos condes hermanos, Ramón Berenguer II y Berenguer Ramón II, pero no consideraron oportuno acogerlo en su corte. Ante esta negativa, quizá el Campeador hubiera podido buscar el amparo de Sancho Ramírez de Aragón. No sabemos por qué no lo hizo, pero no hay que olvidar que Rodrigo había participado en la batalla donde había sido muerto el padre del monarca aragonés. Sea como fuere, el caso es que el exiliado castellano optó por encaminarse a la taifa de Zaragoza y ponerse a las órdenes de su rey. No ha de extrañar que un caballero cristiano actuase de este modo, pues las cortes musulmanas se convirtieron a menudo, por una u otra causa, en refugio de los nobles del norte. Ya hemos visto cómo el mismísimo don Alfonso había hallado protección en el alcázar de Toledo.

Cuando Rodrigo llegó a Zaragoza, aún reinaba, ya achacoso, al-Muqtadir, el mismo que la regía en tiempos de la batalla de Graus, uno de los más brillantes monarcas de los reinos de taifas, celebrado guerrero y poeta, que mandó construir el palacio de la Aljafería. Pero el viejo rey murió muy poco después, quedando su reino repartido entre sus dos hijos: al-Mutamán, rey de Zaragoza, y al-Mundir, rey de Lérida. El Campeador siguió al servicio del primero, a quien ayudó a defender sus fronteras contra los avances aragoneses por el norte y contra la presión leridana por el este. Las principales campañas de Rodrigo en este período fueron la de Almenar en 1082 y la de Morella en 1084. La primera tuvo lugar al poco de acceder al-Mutamán al trono, pues al-Mundir, que no quería someterse en modo alguno a su hermano mayor, había pactado con el rey de Aragón y el conde de Barcelona para que lo apoyasen.

Temiendo un inminente ataque, el rey de Zaragoza envió a Rodrigo a supervisar la frontera nororiental de su reino, la más cercana a Lérida. Así que a fines del verano o comienzos del otoño de 1082, el Campeador inspeccionó Monzón, Tamarite y Almenar, ya muy cerca de Lérida. Mientras les tomaba a los leridanos el castillo de Escarp, en la confluencia del Cinca y del Segre, al-Mundir y el conde de Berenguer de Barcelona pusieron sitio al castillo de Almenar, lo que obligó al Campeadora regresar a toda prisa. Tras negociar infructuosamente con los sitiadores para que levantasen el asedio, Rodrigo los atacó y, pese a su inferioridad numérica, los derrotó por completo y capturó al propio conde de Barcelona. La campaña de Morella en 1084 sucedió de forma muy similar. El Campeador, después de saquear las tierras del sudeste de la taifa de Lérida y atacar incluso la imponente plaza fuerte de Morella, fortificó el castillo de Olocau del Rey, al noroeste de aquella. La posibilidad de tener tan cerca y tan bien guarnecidos a los zaragozanos hizo que al-Mundir, esta vez en compañía de Sancho Ramírez de Aragón, se lanzase contra ellos. El encuentro debió de producirse en las cercanías de Olocau (seguramente el 14 de agosto de 1084) y en él, tras duros combates, la victoria fue de nuevo para Rodrigo, que capturó a los principales magnates aragoneses.

Al-Mutamán murió en 1085, probablemente en otoño, y le sucedió su hijo al-Mustaín, a cuyo servicio siguió el Campeador, pero por poco tiempo. En 1086, Alfonso VI, que por fin había conquistado Toledo el año anterior, puso sitio a Zaragoza con la firme decisión de tomarla. Sin embargo, el 30 de julio el emperador de Marruecos desembarcó con sus tropas, los almorávides, dispuesto a ayudar a los reyes andalusíes frente a los avances cristianos. El rey de Castilla tuvo que levantar el cerco y dirigirse hacia Toledo para prepara la contraofensiva, que se saldaría con la gran derrota castellana de Sagrajas el 23 de octubre de dicho año. Fue por entonces cuando Rodrigo recuperó el favor del rey y regresó a su patria. No se sabe si se reconcilió con él durante el asedio de Zaragoza o poco después, aunque no consta que se hallase en la batalla de Sagrajas. Al parecer, le encomendó varias fortalezas en las actuales provincias de Burgos y Palencia. En todo caso, don Alfonso no empleó al Campeador en la frontera sur, sino que, aprovechando su experiencia, lo destacó sobre todo en la zona oriental de la Península. Después de permanecer con la corte hasta el verano de 1087, Rodrigo partió hacia Valencia para auxiliar a al-Qadir, el depuesto rey de Toledo al que Alfonso VI había compensado de su pérdida situándolo al frente de la taifa valenciana, donde se encontraba en la misma débil situación que había padecido en el trono toledano.

El Campeador pasó primero por Zaragoza, donde se

reunió con su antiguo patrono al-Mustaín y juntos se encaminaron hacia Valencia, hostigada por el viejo enemigo de ambos, al-Mundir de Lérida. Después de ahuyentar al rey leridano y de asegurar a al-Qadir la protección de Alfonso VI, Rodrigo se mantuvo a la expectativa, mientras al-Mundir ocupaba la plaza fuerte de Murviedro (es decir, Sagunto), amenazando de nuevo a Valencia. La tensión aumentaba y el Campeador volvió a Castilla, donde se hallaba en la primavera de 1088, seguramente para explicarle la situación a don Alfonso y planificar las acciones futuras. Éstas pasaban por una intervención en Valencia a gran escala, para lo cual Rodrigo partió al frente de un nutrido ejército en dirección a Murviedro.

Mientras tanto, las circunstancias en la zona se habían complicado. al-Mustaín, al que el Campeador se había negado a entregarle Valencia el año anterior, se había aliado con el conde de Barcelona, lo que obligó a Rodrigo a su vez a buscar la alianza de al-Mundir. Los viejos amigos se separaban y los antiguos enemigos se aliaban. Así las cosas, cuando el caudillo burgalés llegó a Murviedro, se encontró con que Valencia estaba cercada por Berenguer Ramón II. El enfrentamiento parecía inminente, pero en esta ocasión la diplomacia resultó más eficaz que las armas y, tras las pertinentes negociaciones, el conde de Barcelona se retiró sin llegar a entablar combate. A continuación, Rodrigo se puso a actuar de una forma extraña para un enviado real, pues empezó a cobrar para sí mismo en Valencia y en los restantes territorios levantinos los tributos que antes se pagaban a los condes catalanes o al monarca castellano. Tal actitud sugiere que durante su estancia en la corte, Alfonso VI y él habían pactado una situación de virtual independencia del Campeador, a cambio de defender los intereses estratégicos de Castilla en el flanco oriental de la Península. Esta situación de hecho pasaría a serlo de derecho a finales de 1088, después del oscuro incidente del castillo de Aledo.

Sucedió que Alfonso VI había conseguido adueñarse de dicha fortaleza (en la actual provincia de Murcia), amenazando desde la misma a las taifas de Murcia, Granada y Sevilla, sobre las que lanzaban continuas algaras las tropas castellanas allí acuarteladas. Esta situación más la actividad del Campeador en Levante movieron a los reyes de taifas a pedir de nuevo ayuda al emperador de Marruecos, Yusuf ben Tashufin, que acudió con sus fuerzas a comienzos del verano de 1088 y puso cerco a Aledo. En cuanto don Alfonso se enteró de la situación, partió en auxilio de la fortaleza asediada y envió instrucciones a Rodrigo para que se reuniese con él. El Campeador avanzó entonces hacia el sur, aproximándose a la zona de Aledo, pero a la hora de la verdad no se unió a las tropas procedentes de Castilla. ¿Un mero error de coordinación en una época en que las comunicaciones eran difíciles o una desobediencia intencionada del caballero burgalés, cuyos planes no coincidían con los de su rey? Nunca lo sabremos, pero el resultado fue que Alfonso VI consideró inadmisible la actuación de su vasallo y lo condenó de nuevo al destierro, llegando a expropiarle sus bienes, algo que sólo se hacía normalmente en los casos de traición. A partir de este momento, el Campeador se convirtió en un caudillo independiente y se dispuso a seguir actuando en Levante guiado tan sólo por sus propios intereses.

Comenzó actuando en la región de Denia, que entonces pertenecía a la taifa de Lérida, lo que provocó el temor de al-Mundir, quien envió una embajada para pactar la paz con el Campeador. Firmada ésta, Rodrigo regresó a mediados de 1089 a Valencia, donde de nuevo recibió los tributos de la capital y de las principales plazas fuertes de la región. Después avanzó hacia el norte, llegando en la primavera de 1092 hasta Morella (en la actual provincia de Castellón), por lo que al-Mundir, a quien pertenecía también dicha comarca, temió la ruptura del tratado establecido y se alió de nuevo contra Rodrigo con el conde de Barcelona, cuyas tropas avanzaron hacia el sur en busca del guerrero burgalés. El encuentro tuvo lugar en Tévar, al norte de Morella (quizá el actual puerto de Torre Miró) y allí Rodrigo derrotó por segunda vez a las tropas coligadas de Lérida y Barcelona, y volvió a capturar a Berenguer Ramón II. Esta victoria afianzó definitivamente la posición dominante del Campeador en la zona levantina, pues antes de acabar el año, seguramente en otoño de 1090, el conde barcelonés y el caudillo castellano establecieron un pacto por el que el primero renunciaba a intervenir en dicha zona, dejando a Rodrigo las manos libres para actuar en lo sucesivo.

En principio, el Campeador limitó sus planes a seguir cobrando los tributos valencianos y a controlar algunas fortalezas estratégicas que le permitiesen dominar el territorio, es decir, a mantener el tipo de protectorado que ejercía desde 1087. Con ese propósito, Rodrigo reedificó en 1092 el castillo de Peña Cadiella (hoy en día, La Carbonera, en la sierra de Benicadell), donde situó su base de operaciones. Mientras tanto, Alfonso VI pretendía recuperar la iniciativa en Levante, para lo cual estableció una alianza con el rey de Aragón, el conde de Barcelona y las ciudades de Pisa y Génova, cuyas respectivas tropas y flotas participaron en la expedición, avanzando sobre Tortosa (entonces tributaria de Rodrigo) y la propia Valencia en el verano de 1092. El ambicioso plan fracasó, no obstante, y Alfonso VI hubo de regresar a Castilla al poco de llegar a Valencia, sin haber obtenido nada de la campaña, mientras Rodrigo, que a la sazón se hallaba en Zaragoza negociando una alianza con el rey de dicha taifa, lanzó en represalia una dura incursión contra La Rioja. A partir de ese momento, sólo los almorávides se opusieron al dominio del Campeador sobre las tierras levantinas y fue entonces cuando el caudillo castellano pasó definitivamente de una política de protectorado a otra de conquista. En efecto, a esas alturas la tercera y definitiva venida de los almorávides a Alandalús, en junio de 1090, había cambiado radicalmente la situación y resultaba claro que la única forma de retener el control sobre el Levante frente al poder norteafricano pasaba por la ocupación directa de las principales plazas de la zona.

Mientras Rodrigo prolongaba su estancia en Zaragoza hasta el otoño de 1092, en Valencia una sublevación encabezada por el cadí o juez Ben Yahhaf había destronado a al-Qadir, que fue asesinado, favoreciendo el avance almorávide. El Campeador, no obstante, volvió al Levante y, como primera medida, puso cerco al castillo de Cebolla (hoy el El Puig, cerca de Valencia) en noviembre de 1092. Tras la rendición de esta fortaleza a mediados de 1093, el guerrero burgalés tenía ya una cabeza de puente sobre la capital levantina, que fue cercada por fin en julio del mismo año. Este primer asedio duró hasta el mes de agosto, en que se levantó a cambio de que se retirase el destacamento norteafricano que había llegado a Valencia tra producirse la rebelión que costó la vida a al-Qadir. Sin embargo, a finales de año el cerco se había restablecido y ya no se levantaría hasta la caída de la ciudad. Entonces, los almorávides, a petición de los valencianos, enviaron un ejército mandado por el príncipe Abu Bakr ben Ibrahim al-Latmuní, el cual se detuvo en Almusafes (a unos veinte kilómetros al sur de Valencia) y se retiró sin entablar combate. Sin esperar ya apoyo externo, la situación se hizo insostenible y por fin Valencia capituló ante Rodrigo el 15 de junio de 1094. Desde entonces, el caudillo castellano adoptó el título de «Príncipe Rodrigo el Campeador» y seguramente recibiría también el tratamiento árabe de *sídi* «mi señor», origen del sobrenombre de *mio Cid* o *el Cid*, con el que acabaría por ser generalmente conocido.

La conquista de Valencia fue un triunfo resonante, pero la situación distaba de ser segura. Por un lado, estaba la presión almorávide, que no desapareció mientras la ciudad estuvo en poder de los cristianos. Por otro, el control del territorio exigía poseer nuevas plazas. La reacción norteafricanos no se hizo esperar y ya en octubre de 1094 avanzó contra la ciudad un ejército mandado por el general Abu Abdalá, que fue derrotado por el Cid en Cuart (hoy Quart de Poblet, a escasos seis kilómetros al oesnoroeste de Valencia). Esta victoria concedió un respiro al Campeador, que pudo consagrarse a nuevas conquistas en los años siguientes, de modo que en 1095 cayeron la plaza de Olocau y el castillo de Serra. A principios de 1097 se produjo la última expedición almorávide en vida de Rodrigo, comandada por Muhammad ben Tashufin, la cual se saldó con la batalla de Bairén (a unos cinco kilómetros al norte de Gandía), ganada una vez más por el caudillo castellano, esta vez con ayuda de la hueste aragonesa del rey Pedro I, con el que Rodrigo se había aliado en 1094. Esta victoria le permitió proseguir con sus conquistas, de forma que a finales de 1097 el Campeador ganó Almenara y el 24 de junio de 1098 logró ocupar la poderosa plaza de Murviedro, que reforzaba notablemente su dominio del Levante. Sería su última conquista, pues apenas un año después, posiblemente en mayo de 1099, el Cid moría en Valencia de muerte natural, cuando aún no contaba con cincuenta y cinco años (edad normal en una época de baja esperanza de vida). Aunque la situación de los ocupantes cristianos era muy complicada, aún consiguieron resistir dos años más, bajo el gobierno de doña Jimena, hasta que el avance almorávide se hizo imparable. A principios de mayo de 1102, con la ayuda de Alfonso VI, abandonaron Valencia la familia y la gente del Campeador, llevando consigo sus restos, que serían inhumados en el monasterio burgalés de San Pedro de Cardeña. Acababa así la vida de uno de los más notables personajes de su tiempo, pero ya entonces había comenzado la leyenda.

El Cid, Mito Literario

Como hemos visto al principio, es algo excepcional que podamos conocer con tanto detalle la vida de Rodrigo el Campeador. Pues no menos extraordinario es el éxito del Cid como personaje literario. Desde sus propios días hasta ahora mismo, su figura no ha dejado de inspirar toda suerte de manifestaciones artísticas, literarias principalmente, pero también plásticas y musicales, llegando en nuestros días al cine, al cómic, a la televisión y hasta a los videojuegos.

Quizá resulte paradójico, pero los textos más antiguos sobre la figura de Rodrigo el Campeador son los árabes, lo cual no debe extrañar. En la Península Ibérica, durante la Alta Edad Media, la literatura se cultivaba mucho más en árabe que en latín o en las lenguas romances. Particularmente, el siglo XI es uno de sus períodos más florecientes en Alandalús, tanto en su vertiente poética como histórica. En dichos textos las referencias al Cid son ante todo negativas. Pese a reconocer alguna de sus grandes cualidades, si escriben sobre el Campeador es por el gran impacto que causó en su momento la pérdida de Valencia. Testigos presenciales de la misma fueron los autores de las obras más antiguas sobre el Campeador, hoy conocidas sólo por vías indirectas: la *Elegía de Valencia* del alfaquí y poeta al-Waqqashí (1017-1096), compuesta seguramente a principios de 1094, durante la fase más dura del cerco de la ciudad; el *Manifiesto elocuente sobre el infausto incidente*, una historia del dominio del Campeador escrita entre 1094 y 1107 por el escritor valenciano Ben Alqama (1037-1115) y otra obra, de título desconocido, compuesta, al parecer, por

Ben al-Faraj, que había sido visir del rey al-Qadir y, por un tiempo, almojarife o tesorero del propio Campeador. Estas dos últimas obras, citadas o resumidas por los autores posteriores, es la base de casi todas las referencias árabes al Cid, que llegan hasta el siglo XVII.

Mucho se ha especulado sobre la posible existencia de cantos noticieros sobre el Campeador; se trataría de breves poemas que desde sus mismos días habrían divulgado entre el pueblo, ávido de noticias, las hazañas del caballero burgalés. Lo único seguro es que los textos cristianos más antiguos que tratan de Rodrigo son ya del siglo XII y están en latín. El primero es el *Poema de Almería* (1147-1148), que cuenta la conquista de dicha ciudad por Alfonso VII y donde, a modo de inciso, se realiza una breve alabanza de nuestro héroe. Frente a este aislado testimonio a mediados del siglo XII, a finales del mismo asistimos a una auténtica eclosión de literatura cidiana. El detonante parece haber sido la composición, hacia 1185-1190 y quizá en La Rioja, de la *Historia Roderici*, una biografía latina del Campeador en que se recogen y ordenan los datos disponibles (seguramente a través de la historia oral) sobre la vida del héroe. Basada parcialmente en ella, pero dando cabida a componentes mucho más legendarios, está la *Crónica Najerense*, redactada en Nájera (como su propio nombre indica) hacia 1195. Por esas mismas fechas y a partir de estas obras se compuso un poema en latín que destaca las principales batallas campales de Rodrigo, el *Carmen Campidoctoris* (pueden verse más detalles en la introducción a dicho poema en este mismo volumen). Unos años después (hacia 1205) se compondría la primera obra histórica en romance, el navarro *Libro de los reyes*, que incluye un breve *Linaje de Rodrigo Díaz*, que ofrece una genealogía del héroe y un resumen biográfico basado en la *Historia Roderici* y en la *Crónica Najerense*.

Los textos latinos (continuados en el siglo XIII) dieron carta de naturaleza literaria al personaje del Cid, pero serían los cantares de gesta del ciclo cidiano los que lo consagrarían definitivamente, proyectándolo hacia el futuro. Se trata básicamente de tres poemas épicos (algunos con varias versiones) que determinarán de ahí en adelante otros tantos bloques temáticos: las *Mocedades de Rodrigo*, que cuentan una versión completamente ficticia de su matrimonio con doña Jimena (tras haber matado en duelo a su padre) y sus hazañas juveniles (que incluyen una invasión de Francia); el *Cantar del rey don Sancho*, en el que se narra el cerco de Zamora y la muerte de don Sancho a manos de Bellido Dolfos; el *Cantar de mio Cid*, en torno a la conquista de Valencia y a los matrimonios de sus hijas con los infantes de Carrión, y el brevísimo *Epitafio épico del Cid*, que resume los aspectos más notables de su tyrayectoria. El más antiguo y el principal es el *Cantar de mio Cid*, redactado hacia 1200, del que luego me ocuparé con más detalle; le sigue el *Cantar del rey don Sancho*, que se compuso seguramente a principios del siglo XIII (pero del que quizá la *Crónica Najerense* conocía una forma primitiva) y se ha conservado solo de forma indirecta; las *Mocedades de Rodrigo*, que presentaron una primera versión (hoy perdida) en torno a 1300 y otra (que sí ha llegado hasta nosotros) de mediados del siglo XIV, y el *Epitafio*, compuesto en Cardeña por esas mismas fechas.

Los poemas que acabamos de dar por perdidos en realidad no lo están del todo, pues todos ellos se conservan en forma de relato en prosa. Esto ha sido posible porque a finales del siglo XIII, cuando Alfonso X el Sabio planificó su *Historia de España* (hacia 1270), sus colaboradores decidieron incluir entre sus fuentes de información versiones prosificadas de los principales cantares de gesta. Esta tendencia se mantuvo en los autores que siguieron su ejemplo, por lo cual sus obras son denominadas *crónicas alfonsíes*. Tales crónicas, además de emplear los poemas épicos, se basaron en las obras latinas ya citadas, pero también en los textos árabes de Ben al-Faraj y de al-Waqqashí, y remataron la completa biografía legendaria del Cid producida a partir de todas estas fuentes con un relato bastante fantasioso de la parte final de la vida del Campeador, en que se mezclan datos históricos con un conjunto de leyendas surgidas en el monasterio de Cardeña sobre la muerte y el entierro del héroe, muy influidas por el género de las vidas de santos. Es ahí, por ejemplo, donde se narra por primera vez la célebre victoria del Cid después de muerto.

Las crónicas alfonsíes fueron una de las grandes vías de transmisión de los temas cidianos a la posteridad, sobre todo entre el público culto; la otra fue el romancero. Los romances, cantados en las plazas y transmitidos de generación en generación, lograron mantener viva la fama popular del Cid. Una parte de estos romances, los «romances viejos», se inspira más o menos directamente en los poemas épicos y se compuso a finales de la Edad Media; los demás son ya «romances nuevos», debidos a la renovación del género desde mediados del siglo XVI (pueden verse más detalles en la introducción a la antología del romancero).

Los temas cidianos recogidos por las crónicas y por el romancero se difundieron ampliamente en el Siglo de Oro, dando materia para el poema épico *Los hechos del Cid* (1568), compuesto en octavas reales por Diego Ximénez de Ayllón. Sin embargo, fue el teatro el que les dio gran desarrollo. Al reinado de Sancho II se refieren *La muerte del rey don Sancho* (1583) de Juan de la Cueva, la *Comedia segunda de las Mocedades del Cid* (impresa en 1618) de Guillén de Castro o *En las almenas de Toro* (publicada en 1620) de Lope de Vega, entre otros. El tema de Valencia se desarrolla en *El cobarde más valiente* (hacia 1610), de Tirso de Molina, o *El honrador de sus hijas* (1665), de Francisco Polo. Ahora bien, el tema estrella será el de la juventud de Rodrigo y su boda con Jimena, consagrado con la *Comedia primera de las Mocedades del Cid* (publicada en 1618) de Guillén de Castro, que sirvió de inspiración a *El Cid* (1637) del dramaturgo francés Pierre Corneille, con quien el héroe se convierte en patrimonio de la literatura universal. A raíz de *El Cid*, surgen las imitaciones y secuelas de Urbain Chevreau (1638), Nicolas-Marc Desfontaines (1638) y Thimothée de Chillac (1640), así como la adaptación española *El honrador de su padre* (1658), de Juan Bautista Diamante. Existen incluso versiones paródicas, como las comedias burlescas *El hermano de su hermana* (1656) de Bernardo de Quirós (sobre el cerco de Zamora) y *Las Mocedades del Cid* (hacia 1655), de Jerónimo de Cancer. A cambio el anónimo *Auto sacramental del Cid* retoma el argumento en clave alegórica, en la que Rodrigo simboliza a Cristo y Jimena a la Iglesia.

Durante el siglo XVIII, la materia cidiana continuó

gozando de favor, aunque no hay obras tan prominentes, destacando sobre todo las múltiples óperas cuyo argumento se basa en *El Cid* de Corneille, entre las que cabe citar la versión de Georg Friedrich Händel, con libreto italiano anónimo, estrenada en Florencia en noviembre de 1707. Con el romanticismo, se reforzó el interés por los temas cidianos, a partir de la adaptación alemana del romancero por Johann Gottfried Herder (1805) y de la biografía legendaria inglesa *Crónica del Cid* (1808), de Robert Southey. En España destacan Juan Eugenio Hartzenbusch con su drama *La jura en Santa Gadea* (1845), Antonio de Trueba con sus novelas históricas *El Cid Campeador* (1851) y *Las hijas del Cid* (1859), y José Zorrilla con su poema narrativo *La leyenda del Cid* (1882). Al período finisecular pertenecen la ópera francesa *El Cid* (1885) de Massenet y el drama modernista español *Las hijas del Cid* (1908) de Eduardo Marquina, así como el poema de Rubén Darío «Cosas del Cid», incluido en sus *Prosas profanas* (1896) o los de Manuel Machado «Castilla» y «Álvar Fáñez», de su libro *Alma* (1902).

El tema se mantuvo con plena vigencia durante el siglo XX, en los que cuenta con obras de teatro como en *El amor es un potro desbocado* (1959), de Luis Escobar, y *Anillos para una dama* (1973), de Antonio Gala, e incluso con adaptaciones al cine, con *El Cid* (1961), dirigida por Anthony Mann; al cómic, con *El Cid* (1971-1973) de Antonio Hernández Palacios; a los dibujos animados, en la serie *Ruy, el pequeño* Cid (1980) o, ya en el nuevo milenio, el largometraje *El Cid, la leyenda* (2003), y al formato televisivo, con la serie *El Cid*, protagoniozada por Jaime Lorente y que se comenzó a emitir en 2020. También se ha convertido, más recientemente, en protagonista de una docena de novelas históricas, la última de ellas *Sidi*, de Arturo Pérez-Reverte; en uno de los iconos de la música *heavy* e incluso en personaje de algunos videojuegos. Como pude apreciarse, en nuestros días, el Cid prosigue su imparable trayectoria global.

El *Cantar de mio Cid*

La obra que consagró literariamente al Cid es el mayor de los cantares de gesta españoles de la Edad Media y una de las obras clásicas de la literatura europea, la que lleva por antonomasia el nombre del héroe: el *Mio Cid*. Compuesto a finales del siglo XII o en los primeros años del siglo XIII, estaba ya acabado en 1207, cuando cierto Per Abbat (o Pedro Abad) se ocupó de copiarlo en un manuscrito del que, a su vez, es copia el único que hoy se conserva (falto de la hoja inicial y de dos interiores), realizado en el siglo XIV y custodiado en la Biblioteca Nacional de España, en Madrid. La datación del poema allí recogido viene apoyada por una serie de indicios de cultura material, de organización institucional y de motivaciones ideológicas. Más dudas plantea su lugar de composición, que sería Burgos según unos críticos y la zona de Medinaceli (en la actual provincia de Soria), según otros. La cercanía del *Cantar* a las costumbres y aspiraciones de los habitantes de la zona fronteriza entre Castilla y Alandalús favorece la segunda posibilidad.

El *Cantar de mio Cid*, como ya hemos avanzado, se basa libremente en la parte final de la vida de Rodrigo Díaz de Vivar, desde que inicia el primer destierro en 1081 hasta su muerte en 1099. Aunque el trasfondo biográfico es bastante claro, la adaptación literaria de los sucesos es frecuente y de considerable envergadura, a fin de ofrecer una visión coherente de la trayectoria del personaje, que actúa desde el principio de un modo que el Campeador histórico sólo adoptaría a partir de 1087 y, sobre todo, del segundo destierro en 1088. Por otra parte, el *Cantar* desarrolla tras la conquista de Valencia toda una trama en torno a los desdichados matrimonios de las hijas del Cid con los infantes de Carrión que carece de fundamente histórico. Así pues, pese a la innegable cercanía del *Cantar* a la vida real de Rodrigo Díaz (mucho mayor que en otros poemas épicos, incluso sobre el mismo héroe), ha de tenerse en cuenta que se trata de una obra literaria y no de un documento histórico, y como tal ha de leerse. En cuanto a las posibles fuentes de información sobre su héroe, el autor del *Cantar* se basó seguramente en la historia oral y también parece bastante probable que conociese la ya citada *Historia Roderici*. No hay pruebas seguras sobre la posible existencia de cantares de gesta previos sobre el Cid que hubiesen podido inspirar al poeta, aunque parece claro que tuvo como modelos literarios, ya que no históricos, otros poemas épicos, tanto castellanos como extranjeros, recibiendo en particular el influjo del célebre *Cantar de Roldán* francés, muy difundido en la época. Por ello, la constitución interna del *Cantar de mio Cid* es la típica de los cantares de gesta.

Un rasgo esencial es su empleo de versos anisosilábicos o de medida variable, divididos en dos hemistiquios, cada uno de los cuales oscila entre cuatro y once sílabas. Los versos se unen en series o tiradas que comparten la misma rima asonante y suelen tener cierta unidad temática. No existen leyes rigurosas para el cambio de rima entre una y otra tirada, pero éste se usa a veces para señalar divisiones internas, por ejemplo al repetir con más detalle el contenido de la tirada anterior (técnica de series gemelas) o cuando se pasa de la narración a las palabras que pronuncia un personaje (estilo directo). Por último, las tiradas o series se agrupan en tres partes mayores, llamadas también «cantares», que comprenden los versos 1-1084, 1085-2277 y 2276-3730, respectivamente. El primer cantar narra las aventuras del héroe en el exilio por tierras de la Alcarria y de los valles del Jalón y del Jiloca, en los que consigue botín y tributos a costa de las poblaciones musulmanas. El segundo se centra en la conquista de Valencia y en la reconciliación del Cid y del rey Alfonso, y acaba con las bodas entre las hijas de aquél y dos nobles de la corte, los infantes de Carrión. El tercero refiere cómo la cobardía de los infantes los hace objeto de las burlas de los hombres del Cid, por lo que éstos se van de Valencia con sus mujeres, a las que maltratan y abandonan en el robledo de Corpes. El Cid se querella ante el rey el rey Alfonso, quien convoca unas cortes en Toledo, donde el Campeador reta a los infantes. En el duelo, realizado en Carrión, los infantes y su hermano mayor quedan infamados; mientras tanto, los príncipes de Navarra y Aragón piden la mano de las hijas del Cid, que las ve así casadas conforme merecen.

Otro de los aspectos característicos de los cantares de gesta es su estilo formular, es decir, el empleo de determinados clichés o frases hechas, por ejemplo en la descripción de batallas o bien para referirse a un personaje. Así, el Cid es llamado a menudo «el bueno de Vivar», «el que en buena hora nació» o «el de la luenga barba», mientras que a Minaya Álvar Fáñez se lo presenta varias veces en el fragor del combate con la fórmula «por el codo abajo la sangre goteando». Este rasgo se liga a la difusión oral del *Cantar* (por boca de los juglares que lo recitaban o cantaban de memoria, acompañándose a menudo de un instrumento musical), pero también responde a un efecto estético (el gusto por ver tratados los mismos temas de una misma forma). Otros recursos estilísticos de los cantares de gesta son la gran alternancia y variedad de tiempos verbales; el uso de parejas de sinónimos, como «pequeñas son y de días chicas», y también de parejas inclusivas, como «moros y cristianos» (es decir, todo el mundo); o el empleo de las llamadas frases físicas, al estilo de «llorar de los ojos» o «hablar de la boca», que subrayan el aspecto gestual de la acción.

En cuanto al argumento, como se ha visto, abarca dos temas fundamentales: el del destierro y el de la afrenta de Corpes. El primero se centra en la honra pública o política del Campeador, al narrar las hazañas que le permiten recuperar su situación social y, a la vez, alcanzar el perdón real; el segundo, en cambio, tiene por objeto un asunto familiar o privado, pero que tiene que ver también con el honor del Cid y de los suyos, tan realzado al final como para que sus hijas puedan casar con los príncipes de Navarra y Aragón. De ahí que el *Cantar* hay podido ser caracterizado como un «poema de la honra». Esta honra, sea pública o privada, tiene dos dimensiones: por un lado, se relaciona con la buena fama de una persona, con la opinión que de ella tienen sus iguales dentro de la escala social; por otro, tiene que ver con el nivel de vida de una persona, en la medida en que las posesiones materiales traducen la posición que uno ocupa en la jerarquía de la sociedad. Por eso el Cid se preocupa tanto de que el rey conozca sus hazañas como de enviarle ricos regalos que, por así decir, plasmen físicamente las victorias del Campeador.

La doble trama del destierro y de la afrenta describe una doble curva de descenso y ascenso: desde la expropiación de las tierras de Vivar y el exilio se llega al dominio del señorío de Valencia y a la recuperación del favor real; después, desde la pérdida de la honra familiar provocada por los infantes se asciende al máximo grado de la misma, gracias a los enlaces principescos de las hijas del Cid. En ambos casos, la recuperación del honor cidiano se logra por medios casi inéditos en la poesía épica, lo que hace del *Cantar* no sólo uno de los mayores representantes de la misma, sino también uno de los más originales. En efecto, el héroe de Vivar, que es desterrado a causa de las calumnias vertidas contra él por sus enemigos en la corte, nunca se plantea adoptar alguna de las extremadas soluciones del repertorio épico, rebelándose contra el monarca y sus consejeros, sino que prefiere acatar la orden real y salir a territorio andalusí para ganarse allí el pan con el botín arrancado al enemigo, opción siempre considerada legítima en esa época. Por eso es característico del enfoque del cantar el énfasis puesto en el botín obtenido de los moros, a los que el desterrado no combate tanto por razones religiosas, como por ganarse la vida, y a los que se puede admitir en los territorios conquistados bajo un régimen de sumisión. Eso no significa que el Cid y sus hombres carezcan de sentimientos religiosos. De hecho, el Campeador se encarga de adaptar para uso cristiano la mezquita mayor de Valencia, que convierte en catedral para el obispo don Jerónimo. Es más, la relación del héroe con la divinidad es privilegiada, según se advierte en la aparición de San Gabriel para confortar al Cid cuando inicia la incierta aventura del destierro. Lo que no hay es un claro ideal de Cruzada, nada de «conversión o muerte». Los musulmanes de las plazas conquistadas, aunque no son vistos como iguales, tampoco se encuentran totalmente sometidos. Encuentran su lugar dentro de la sociedad ideal de la Valencia del Cid como *mudéjares*, es decir, como musulmanes que conservan su religión, su justicia y sus costumbres, pero bajo la autoridad superior de los gobernantes cristianos y con ciertas limitaciones en sus derechos. Sin caer en la tentación de ver en ello una convivencia idílica, está claro que no se aprecia en el ideario del Campeador ningún extremismo religioso.

Por lo que hace a la afrenta de Corpes, la tradición épica exigía que una deshonra de ese tipo se resolviese mediante una sangrienta venganza personal, pero en el *Cantar de mio Cid* se recurre a los procedimientos legales vigentes, una querella ante el rey encauzada por la vía del reto entre hidalgos. Se oponen de este modo los usos del viejo derecho feudal, la venganza privada que practican los de Carrión, con las novedades del nuevo derecho que surge a finales del siglo XII y a cuyas prácticas responde el uso del reto como forma de reparar la afrenta. Con ello se establece una neta diferencia entre los dos jóvenes y consentidos infantes, que representan los valores sociales de la rancia nobleza del interior, y el Campeador y los suyos, que son miembros de la baja nobleza e incluso villanos parcialmente ennoblecidos por su actividad bélica en las zonas de frontera. Tal oposición no se da, como a veces se ha creído, entre leoneses y castellanos (García Ordóñez, el gran enemigo del Cid, es castellano), sino entre la alta nobleza, anquilosada en valores del pasado, y la baja, que se sitúa en la vanguardia de la renovación social.

La acción prudente y comedida del héroe de Vivar manifiesta el modelo de mesura encarnado por el Cid en el *Cantar*, pero éste no sólo depende de una opción ética personal, sino también de un trasfondo ideológico determinado. En este caso, responde al «espíritu de frontera», el que animaba a los colonos cristianos que poblaban las zonas de los reinos cristianos que limitaban con Alandalús. Dicho espíritu se plasmó especialmente en una serie de fueros llamados «de extremadura», a cuyos preceptos se ajusta el poema, tanto en la querella final como en el reparto del botín, a lo largo de las victorias cidianas. El norte de estos ideales de frontera lo constituye la capacidad de mejorar la situación social mediante los propios méritos, del mismo modo que el *Cantar* concluye con la apoteosis de la honra del Campeador, que, comenzando desde el enorme abatimiento inicial, logra ver al final compensados todos sus esfuerzos y desvelos.

Alberto Montaner Frutos

La Presente Edición

La presente edición de loa cantares del Cid incluye tres de las obras clave medievales de la materia cidiana: el *Carmen Campidoctoris*, un himno latino en estrofas sáficas compuesto hacia 1195; el texto en castellano antiguo del *Cantar de mio Cid*, el poema épico compuesto hacia 1200 que consagró al Cid como figura literaria, y una breve antología del amplio conjunto de romances o baladas épico-líricas conocido como *Romancero del Cid*, cuya elaboración abarca desde, posiblemente, finales del siglo XIV hasta finales del siglo XVI, habiéndolo compilado por primera vez Juan de Escobar, con el título de *Romancero e historia del Cid*, cuya edición príncipe se estampó en Lisboa en 1605.

El texto aquí ofrecido se basa en las más solventes ediciones disponibles: para el *Carmen Campidoctoris*, la de Alberto Montaner y Ángel Escobar (Madrid, Sociedad Estatal España Nuevo Milenio, 2001), aunque con algunas modificaciones que se incluirán en una versión revisada, ahora en preparación; para el *Cantar de mio Cid*, la de Alberto Montaner (2.ª ed., Madrid, Real Academia Española, 2016), y para el *Romancero del Cid*, la de Carolina Michaelis de Vasconcelos (Lepizig, F. A. Brockhaus, 1871), de donde se toman, por este orden, los romances n.º 5, 11, 13, 12 (solo el final), 10, 19, 39, 37, 54, 100, 134, 137, 150, 144, 145 (solo el final), 154 (salvo el último cuarto), 162, 189 y 197, aunque incorporando en ocasiones al texto algunas de las variantes recogidas en las notas.

Orientación Bibliográfica

La bibliografía sobre el *Cantar de mio Cid* es muy extensa. A continuación se ofrece solo una sucinta panorámica de esa amplia producción. Se trata de una selección de los títulos más accesibles que pueden servir al lector interesado para profundizar en el conocimiento del *Mio Cid* y de su héroe.

A. Ediciones:

A.1. Ediciones en facsímile:

Son las que reproducen fotográficamente el único manuscrito conservado (Madrid, Biblioteca Nacional de España, VITR/7/17, a veces acompañada de una transcripción detallada.

Poema de Mio Cid, ed. facsimilar y ed. paleográfica de Ramón Menéndez Pidal, Madrid, Dirección General de Archivos y Bibliotecas, 1961, 2 vols. (Buen facsímil en blanco y negro con la indispensable transcripción de Menéndez Pidal).

Poema de Mio Cid, ed. facsimilar con estudios de Hipólito Escolar y otros, Burgos, Ayuntamiento, 1982, 2 vols. (Es el mejor facsímil disponible y el segundo volumen contiene una transcripción semi-paleográfica, una versión modernizada y un conjunto de estudios).

Cantar de Mio Cid: Manuscrito de Per Abbat, dir. Lourdes Sanz, ed. multimedia, Madrid, Biblioteca Nacional, 1998, 1 CD-ROM; 1 folleto(Tesoros de la Biblioteca Nacional, 1). (Contiene un facsímil digitalizado, aunque no de óptima calidad, junto con otras utilidades de interés).

Cantar de mio Cid, edición hipertextual de Matthew Bailey, Austin, University of Texas, 2002; accesible en línea en http://www.lamc.utexas.edu/cid/ (Contiene un facsímil digitalizado a partir de la edición de Burgos de 1982 y, por tanto, de buena calidad, junto con una transcripción y otros recursos interesantes).

Poema del Cid, Madrid, Biblioteca Digital Hispánica; accesible en línea en http://bdh-rd.bne.es/viewer.vm?id=0000036451&page=1 (Excelente reproducción digitalizada del manuscrito único, realizada tras la restauración de 2007).

A.2. Ediciones críticas:

Son las que ofrecen un texto que pretende superar las limitaciones y errores del manuscrito único, siguiendo las técnicas y procedimientos de la crítica textual. Además presentan introducciones y notas en las que se estudia el *Mio Cid* y se procura aclarar los problemas de comprensión que plantea. De las varias que se han realizado, conviene destacar las siguientes:

Cantar de mio Cid: Texto, gramática y vocabulario , ed. Ramón Menéndez Pidal, Madrid, Bailly-Baillière, 1908-1911, 3 vols.; 2ª ed., Madrid, Espasa-Calpe, 1944-1946, 3 vols. (Hay numerosas reimpresiones posteriores de esta obra básica, indispensable aún por la enorme riqueza de datos que contiene).

Poema de mio Cid, ed. Colin Smith, Madrid, Cátedra, 1976; ed. rev. 1985; nueva ed. rev. 1994. (Marcó la renovación de los criterios editoriales del *Poema* y cuenta con una interesante introducción).

Poema de mio Cid, ed. Ian Michael, Madrid, Castalia, 1976; 2ª ed., 1978. (En la misma línea de renovación, destaca por la agudeza en la resolución de ciertos problemas textuales).

Cantar de mio Cid, ed. Jules Horrent, Gante, Story-Scientia, 1982, 2 vols. (Esta edición, lamentablemente poco divulgada, busca un equilibrio entre las posturas de

Menéndez Pidal y las de los críticos más modernos, destacando por su extensa anotación).

Cantar de mio Cid, ed. Alberto Montaner, estudio preliminar de Francisco Rico, Barcelona, Crítica, 1993; ed. rev., Barcelona, Centro para la Edición de los Clásicos Españoles; Galaxia Gutenberg, 2007; nueva ed. rev., Madrid, Real Academia Española, 2011; 2.ª ed., 2016. (Es la edición crítica más reciente, basada en la consulta directa del códice único con nuevas tecnologías, y contiene un amplio estudio preliminar y el cuerpo de notas más extenso disponible).

B. Estudios

B.1. Sobre la épica castellana en general:

CATALÁN, Diego. *La épica española: Nueva documentación y nueva evaluación*, Madrid, Fundación Ramón Menéndez Pidal, 2001. (Revisión crítica de las teorías sobre la épica hispánica medieval, muy apegada a los postulados de Menéndez Pidal)

DEYERMOND, Alan, *El "Cantar de mio Cid" y la épica medieval española*, Barcelona, Sirmio, Jaume Vallcorba Ed., 1987. (Excelente síntesis de lo que fue el género y de la situación del *Mio Cid* respecto del mismo).

____________, *La Literatura Perdida de la Edad Media Castellana. Catálogo y Estudio, I: Épica y Romances,* Salamanca, Universidad de Salamanca, 1995. (Repertorio de todos los posibles cantares de gesta castellanos perdidos y de las teorías enunciadas al respecto).

MENÉNDEZ PIDAL, Ramón, *Reliquias de la poesía épica española*, Madrid, Espasa-Calpe, 1951; reimp. con pról. de Diego Catalán, Madrid, Gredos, 1980. (Reúne y estudia los textos de las principales leyendas épicas medievales, tanto en prosa como en verso, sin incluir el *Cantar de mio Cid*).

____________, *La épica medieval española: Desde sus orígenes hasta su disolución en el romancero*, Madrid, Espasa-Calpe, 1992-, 3 vol. (aparecido uno). (Detallada exposición de la teoría tradicionalista sobre el origen y desarrollo de los cantares de gesta).

B.2. Sobre el *Cantar de mio Cid*:

BAILEY, Matthew. *The Poetics of Speech in the Medieval Spanish Epic*, Toronto: University of Toronto Press, 2010. (Estudio sobre el paso de la oralidad a la escritura en la éoica medieval hispánica y particularmente en el *Mio Cid*).

BLAŠKOVI , Marija, *Los potenciales polifónicos: La nobleza cortesana del "Cantar de mio Cid"*, Madrid, Iberoamericana; Frankurt am Main, Vervuert, 2020. (Propuesta de contextualización del *Mio Cid* en el ambiente del reinado de Alfonso VIII).

BOIX, Alfonso, El "Cantar de mio Cid": Adscripción genérica y estructura tripartita. Vigo, Academia del Hispanismo, 2012. (Análisis de la estructura del Mio Cid como un tipo de disposición bipartita y simétrica).

DE CHASCA, Edmund, *El arte juglaresco en el "Cantar de mio Cid"*, 2ª ed. rev., Madrid, Gredos, 1972. (Detallado estudio de los recursos estilísticos del poema, con especial hincapié en su sistema formular).

DUGGAN, Joseph J., *The "Cantar de Mio Cid": Poetic creation in its economical and social contexts*, Cambridge University Press, Cambridge, 1989. (Análisis del trasfondo ideológico y socioeconómico del *Cantar*).

El Cid, Poema e Historia: *Actas del Congreso Internacional El Cid, Poema e Historia (12-16 de julio, 1999)*, coord. César Hernández Alonso, Ayuntamiento, Burgos, 2000. (Volumen que contiene algunas aportaciones importantes sobre el Cid histórico y literario).

GILMAN, Stephen *Tiempos y formas temporales en el "Poema del Cid"*, Madrid, Gredos, 1961. (Notable análisis estilístico de la lengua del *Poema*).

HARNEY, Michael, *Kinship and polity in the "Poema de mio Cid"*, Purdue University Press, Lafayette (Indiana), 1993. (Sugerente estudio ideológico y antropológico del *Mio Cid*).

HERNANDO, Julio. *Poesía y violencia: Representaciones de la agresión en el "Poema de Mio Cid."* Palencia, Spain: Cálamo, 2009. (Análisis del poema como una composición bipartita, en función del tratamiento de la violencia).

HEUSCH, Carlos (ed.), Le Cid chanté, monográfico de los Cahiers d'Études Hispániques Médiévales 40 (2017) + 1 DVD. (Conjunto de estudios sobre diversos aspectos literarios del Mio Cid, acompañados por una película que ofrece una antología del mismo cantada por Antoni Rossell).

HORRENT, Jules, *Historia y poesía en torno al "Cantar del Cid"*, Barcelona, Ariel, 1973. (Estudia la realidad y la elaboración legendaria en el *Cantar* y en otras obras medievales de tema cidiano).

JUSTEL, Pablo, *El sistema formular del "Cantar de mio Cid": Estudio y registro*. Potomac MD, Scripta Humanistica, 2017. (Detallado análisis del funcionamiento de las fórmulas épicas en la poética del *Mio Cid*).

LACARRA, María Eugenia, *El "Poema de mio Cid": Realidad histórica e ideología*, Madrid, Porrúa, 1980. (Importante contribución sobre el trasfondo ideológico del *Mio Cid* y su adscripción al espíritu de frontera).

MENÉNDEZ PIDAL, Ramón, *En torno al "Poema del Cid"*, Barcelona, Edhasa, 1963. (Reunión de diversos trabajos donde se recogen las principales aportaciones del gran filólogo).

MONTANER, Alberto (ed.), *«Sonando van sus nuevas allent parte del mar»: El* Cantar de mio Cid *y el mundo de la épica*, Toulouse, Université de Toulouse-Le Mirail, 2013 (Un conjunto de estudios sobre el *Mio Cid* desde una perspectiva eminentemente comparatista).

MONTGOMERY, Thomas, *Medieval Spanish Epic: Mythic Roots and Ritual Language*, The Pennsylvania State University Press, University Park (Pennsylvania), 1998. (Su segunda parte recoge sus trabajos consagrados a la poética del *Mio Cid*).

RUSSELL, Peter, *Temas de "La Celestina" y otros estudios: Del "Cid" al "Quijote"*, Barcelona, Ariel, 1978. (Los capítulos dedicados al *Mio Cid* inciden con agudeza sobre importantes aspectos legendarios y épicos).

SMITH, Colin, *Estudios cidianos*, Madrid, Cupsa, 1977. (Recopilación de sugestivos trabajos que supusieron un cambio en la orientación de los estudios sobre el *Poema)*.

____________, *La creación del "Poema de mio Cid"*, Barcelona, Crítica, 1985. (Es la principal aportación en defensa de un autor culto para el *Mio Cid*).

Story Weavers and Textual Critics Interpret the "Poema de Mio Cid", ed. Óscar Martín, Número monográfico de *La Corónica*, vol. XXXIII, núm. 2, 2005. (Una buena contribución de conjunto al estudio del *Mio Cid*).

ZADERENKO, Irene, Problemas de autoría, de estructura y de fuentes en el "Poema de mio Cid", Alcalá de Henares, Universidad de Alcalá, 1998. Trabajo complementado con El monasterio de Cardeña y el inicio de la épica cidiana, Alcalá de Henares, Universidad de Alcalá, 2013 (Ofrece una hipótesis sobre la génesis clerical del *Mio Cid*, a partir del estudio de sus posibles fuentes literarias).

ZADERENKO, Irene, y Alberto MONTANER (eds.), *A Companion to "Poema de mio Cid"*, con la col. de Peter Mahoney. Leiden, Brill, 2018. (Es la visión de conjunto más completa y actualizada sobre los diferentes aspectos históricos y literarios del *Mio Cid*).

B.3. Sobre Rodrigo Díaz de Vivar:

MARTÍNEZ DÍEZ, Gonzalo, *El Cid histórico*, Barcelona, Planeta, 1999. (Detallada biografía que ofrece una útil visión de conjunto).

MENÉNDEZ PIDAL, Ramón, *La España del Cid*, Madrid, Plutarco, 1929, 2 vol.; 7ª ed., Madrid, Espasa-Calpe, 1969, 2 vols. (Es la obra fundamental para conocer la vida y la época del Campeador, aunque en bastantes ocasiones sus interpretaciones hayan sido superadas).

FLETCHER, Richard, *El Cid*, Nerea, Madrid, 1989. (Certero resumen biográfico, con una buena contextualización histórica del personaje).

PEÑA PÉREZ, F. Javier, *El Cid Campeador: Historia, leyenda y mito*, Dossoles, Burgos, 2000. Edición revisada con el título de *Mio Cid el del Cantar: Un héroe medieval a escala humana*, Madrid, Sílex, 2009 (Combina una biografía cidiana revisada con un estudio de su conversión en figura mítica).

PORRINAS GONZÁLEZ, David, *El Cid: Historia y mito de un señor de la guerra*, Madrid, Desperta Ferro, 2019. (Es la biografía más actualizada y una de las más detalladas, con un capítulo sobre su pervivencia como mito literario).

B.4. Sobre la pervivencia del mito cidiano

GALVÁN, Luis, *El "Poema del Cid" en España, 1779–1936: recepción, mediación, historia de la filología*, Pamplona, EUNSA, 2001. (Detallado estudio sobre el proceso de canonización del *Mio Cid* en la cultura española a partir de su primera edición).

RODIEK, Christoph, *La recepción internacional del Cid: Argumento recurrente-contexto-género*, Madrid, 1995. (Amplio análisis de la pervivencia y difusión de la figura cidiana tanto en el ámbito hispánico como a escala mundial).

El Cid: Historia, literatura y leyenda, ed. Gonzalo Santonja, Madrid, Sociedad Estatal España Nuevo Milenio, 2001. (Volumen colectivo que permite complementar y actualizar bibliográficamente el estudio de Rodiek).

Cantar de mio Cid

Edición del texto antiguo:
Alberto Montaner

Preliminar

[Prosificación cronística de parte de los versos iniciales perdidos.

Cuenta la estoria que enbió el Cid por todos sus amigos e sus parientes e sus vasallos, e mostróles en cómmo le mandava el rey sallir de la tierra fasta nueve días. E díxoles: —Amigos, quiero saber de vós cuáles queredes ir comigo. E los que comigo fuerdes, de Dios ayades buen grado, e los que acá fincáredes, quiérome ir vuestro pagado.— Estonce fabló don Álvar Fáñez, su primo cormano: —Conbusco iremos todos, Cid, por yermos e por poblados, e nunca vos falleceremos en cuanto seamos bivos e sanos; conbusco despenderemos las mulas e los cavallos, e los averes e los paños; siempre vos serviremos commo leales amigos e vasallos.— Estonce otorgaron todos lo que dixo Álvar Fáñez e mucho les agradesció mio Cid cuanto allí fue razonado.

E desque el Cid tomó el aver, movió con sus amigos de Bivar e mandó que se fuesen camino de Burgos. E cuando el Cid vio los sus palascios deseredados e sin gente, e las perchas sin açores e los portales sin estrados...

Continúa con el texto conservado.]

Cantar Primero

1

De los sos ojos   tan fuertemientre llorando, [1r]
tornava la cabeça   e estávalos catando.
Vio puertas abiertas   e uços sin cañados,
alcándaras vazías,   sin pielles e sin mantos,
e sin falcones   e sin adtores mudados.
Sospiró mio Cid,   ca mucho avié grandes cuidados,
fabló mio Cid   bien e tan mesurado:
—¡Grado a ti, Señor,   Padre que estás en alto!
¡Esto me an buelto   mios enemigos malos!—

2

Allí piensan de aguijar,   allí sueltan las riendas.
A la exida de Bivar   ovieron la corneja diestra
e entrando a Burgos   oviéronla siniestra.
Meció mio Cid los ombros   e engrameó la tiesta:
—¡Albricia, Álbar Fáñez,   ca echados somos de tierra!—

3

Mio Cid Ruy Díaz   por Burgos entró,

en su conpaña   sessaenta pendones.
Exiénlo ver   mugieres e varones, 16b
burgeses e burgesas   por las finiestras son,
plorando de los ojos,   tanto avién el dolor,
de las sus bocas todos   dizían una razón:
—¡Dios, qué buen vassallo,   si oviesse buen señor!—

4

Conbidarle ien de grado,   mas ninguno non osava:
el rey don Alfonso   tanto avié la grand saña.
Antes de la noche,   en Burgos d'él entró su carta
con grand recabdo   e fuertemientre sellada:
que a mio Cid Ruy Díaz   que nadi no·l' diessen posada,
e aquel que ge la diesse   sopiesse vera palabra, [1v]
que perderié los averes   e más los ojos de la cara,
e aun demás   los cuerpos e las almas.
Grande duelo avién   las yentes cristianas,
ascóndense de mio Cid,   ca no l'osan dezir nada.
El Campeador   adeliñó a su posada,
así commo llegó a la puerta,   fallóla bien cerrada,
por miedo del rey Alfonso   que assí la avién parada,
que si non la quebrantás por fuerça,   que non ge la abriese nadi.
Los de mio Cid   a altas vozes llaman,
los de dentro   non les querién tornar palabra.
Aguijó mio Cid,   a la puerta se llegava,
sacó el pie del estribera,   una ferida·l' dava;
non se abre la puerta,   ca bien era cerrada.
Una niña de nuef años   a ojo se parava:
—¡Ya Campeador,   en buen ora cinxiestes espada!

El rey lo ha vedado, anoch d'él entró su carta
con grant recabdo e fuertemientre sellada.
Non vos osariemos abrir nin coger por nada;
si non, perderiemos los averes e las casas,
e demás los ojos de las caras.
Cid, en el nuestro mal vós non ganades nada,
mas el Criador vos vala con todas sus vertudes santas.—
Esto la niña dixo e tornós' pora su casa.
Ya lo vee el Cid, que del rey non avié gracia; [2r]
partiós' de la puerta, por Burgos aguijava,
llegó a Santa María, luego descavalga,
fincó los inojos, de coraçón rogava.
La oración fecha, luego cavalgava,
salió por la puerta e Arlançón passava;
cabo essa villa en la glera posava,
fincava la tienda e luego descavalgava.
Mio Cid Ruy Díaz, el que en buen ora cinxo espada,
posó en la glera cuando no·l' coge nadi en casa,
derredor d'él una buena conpaña;
assí posó mio Cid commo si fuesse en montaña.
Vedada l'an conpra dentro en Burgos la casa
de todas cosas cuantas son de vianda;
non le osarién vender al menos dinarada.

5

Martín Antolínez, el burgalés conplido,
a mio Cid e a los suyos abástales de pan e de vino;
non lo conpra, ca él se lo avié consigo,

de todo conducho   bien los ovo bastidos.
Pagós' mio Cid e todos los otros   que van a so cervicio.
Fabló Martín Antolínez,   odredes lo que á dicho:
—¡Ya Canpeador,   en buen ora fuestes nacido!
Esta noch yagamos   e váimosnos al matino,
ca acusado seré   por lo que vos he servido,
en ira del rey Alfonso   yo seré metido. [2v]
Si convusco escapo   sano o bivo,
aun cerca o tarde el rey   quererm'á por amigo;
si non, cuanto dexo   no lo precio un figo.—

6

Fabló mio Cid,   el que en buen ora cinxo espada:
—¡Martín Antolínez,   sodes ardida lança,
si yo bivo,   doblarvos he la soldada!
Espeso é el oro   e toda la plata,
bien lo vedes,   que yo non trayo nada,
e huebos me serié   pora toda mi compaña.
Ferlo he amidos,   de grado non avrié nada:
con vuestro consejo   bastir quiero dos arcas,
inchámoslas d'arena,   ca bien serán pesadas,
cubiertas de guadalmecí   e bien enclaveadas,

7

los guadamecís vermejos   e los clavos bien dorados.
Por Rachel e Vidas   vayádesme privado:

cuando en Burgos me vedaron conpra   e el rey me á airado,
non puedo traer el aver   ca mucho es pesado;
enpeñárgelo he   por lo que fuere guisado,
de noche lo lieven,   que non lo vean cristianos.
Véalo el Criador   con todos los sos santos,
yo más non puedo   e amidos lo fago.—

8

Martín Antolínez   non lo detardava,
por Rachel e Vidas   apriessa demandava.
Passó por Burgos,   al castiello entrava,
por Rachel e Vidas   apriessa demandava.

9

Rachel e Vidas   en uno estavan amos, [3r]
en cuenta de sus averes,   de los que avién ganados.
Llegó Martín Antolínez   a guisa de menbrado:
—¿Ó sodes, Rachel e Vidas,   los mios amigos caros?
En poridad   fablar querría con amos.—
Non lo detardan,   todos tres se apartaron.
—Rachel e Vidas,   amos me dat las manos,
que non me descubrades   a moros nin a cristianos,
por siempre vos faré ricos,   que non seades menguados.
El Campeador   por las parias fue entrado,
grandes averes priso   e mucho sobejanos;
retovo d'ellos   cuanto que fue algo,

por én vino a aquesto   por que fue acusado.
Tiene dos arcas   llenas de oro esmerado,
ya lo vedes,   que el rey le á airado,
dexado ha heredades   e casas e palacios;
aquéllas non las puede levar,   si non, serié ventado;
el Campeador   dexarlas ha en vuestra mano,
e prestalde de aver   lo que sea guisado.
Prended las arcas   e metedlas en vuestro salvo,
con grand jura   meted ý las fes amos
que non las catedes   en todo aqueste año.—
Rachel e Vidas   seyénse consejando:
—Nós huebos avemos   en todo de ganar algo;
bien lo sabemos,   que él gañó algo [3v]
cuando a tierra de moros entró,   que grant aver ha sacado.
Non duerme sin sospecha   qui aver trae monedado.
Estas arcas   prendámoslas amos,
en logar las metamos   que non sea ventado.
Mas dezidnos del Cid,   ¿de qué será pagado
o qué ganancia nos dará   por todo aqueste año?—
Respuso Martín Antolínez   a guisa de menbrado:
—Mio Cid querrá   lo que sea aguisado,
pedirvos á poco   por dexar so aver en salvo;
acógensele omnes   de todas partes menguados,
á menester   seiscientos marcos.—
Dixo Rachel e Vidas: —Dárgelos hemos de grado.—
—Ya vedes que entra la noch,   el Cid es presurado,
huebos avemos   que nos dedes los marcos.—
Dixo Rachel e Vidas: —Non se faze assí el mercado,
sinon primero prendiendo   e después dando.—
Dixo Martín Antolínez: —Yo d'esso me pago,

amos tred   al Campeador contado
e nós vos ayudaremos,   que assí es aguisado,
por aduzir las arcas   e meterlas en vuestro salvo,
que non lo sepan   moros nin cristianos.—
Dixo Rachel e Vidas: —Nós d'esto nos pagamos;
las arcas aduchas,   prendet seyescientos marcos.—
Martín Antolínez   cavalgó privado   [4r]
con Rachel e Vidas,   de voluntad e de grado.
Non viene a la puent,   ca por el agua á passado,
que ge lo non ventassen   de Burgos omne nado.
Afévoslos a la tienda   del Campeador contado,
assí commo entraron,   al Cid besáronle las manos.
Sonrisós' mio Cid,   estávalos fablando:
—¡Ya don Rachel e Vidas,   avédesme olbidado!
Ya me exco de tierra,   ca del rey só airado;
a lo que·m' semeja,   de lo mio avredes algo,
mientra que vivades   non seredes menguados.—
Don Rachel e Vidas   a mio Cid besáronle las manos.
Martín Antolínez   el pleito á parado
que sobre aquellas arcas   darle ien seiscientos marcos,
e bien ge las guardarién   fasta cabo del año,
ca assí·l' dieran la fe   e ge lo avién jurado,
que si antes las catassen,   que fuessen perjurados,
non les diesse mio Cid   de la ganancia un dinero malo.
Dixo Martín Antolínez: —Carguen las arcas privado,
levaldas, Rachel e Vidas,   ponedlas en vuestro salvo;
yo iré convusco,   que adugamos los marcos,
ca a mover á mio Cid   ante que cante el gallo.—
Al cargar de las arcas   veriedes gozo tanto,
non las podién poner en somo   maguer eran esforçados;

grádanse Rachel e Vidas con averes monedados, [4v]
ca mientra que visquiessen refechos eran amos.
Rachel a mio Cid ba·l' besar la mano:

10

—¡Ya Canpeador, en buen ora cinxiestes espada!
De Castiella vos ides pora las yentes estrañas,
assí es vuestra ventura, grandes son vuestras ganancias;
una piel vermeja, morisca e ondrada,
Cid, beso vuestra mano, en don que la yo aya.—
—Plazme —dixo el Cid—, d'aquí sea mandada,
si vos la aduxier d'allá, si non, contalda sobre las arcas.—
En medio del palacio tendieron un almoçalla,
sobr'ella una sávana de rançal e muy blanca.
A tod el primer colpe, echaron trezientos marcos de plata,
notólos don Martino, sin peso los tomava;
los otros trezientos en oro ge los pagavan.
Cinco escuderos tiene don Martino, a todos los cargava;
cuando esto ovo fecho, odredes lo que fablava:
—Ya don Rachel e Vidas, en vuestras manos son las arcas;
yo que esto vos gané bien merecía calças.—

11

Entre Rachel e Vidas, aparte ixieron amos:
—Démosle buen don, ca él nos lo ha buscado.
Martín Antolínez, un burgalés contado,

vós lo merecedes,   darvos queremos buen dado,
de que fagades calças   e rica piel e buen manto:
dámosvos en don   a vós treinta marcos.
Merecérnoslos hedes,   ca esto es aguisado;   [5r]
atorgarnos hedes   esto que avemos parado.—
Gradecíólo don Martino   e recibió los marcos;
gradó exir de la posada   e espidiós' de amos.
Exido es de Burgos   e Arlançón á passado,
vino pora la tienda   del que en buen ora nasco.
Recibiólo el Cid,   abiertos amos los braços:
—¡Venides, Martín Antolínez,   el mio fiel vassallo!
Aún vea el día   que de mí ayades algo.—
—Vengo, Campeador,   con todo buen recabdo;
vós seiscientos   e yo treinta he ganados.
Mandad coger la tienda   e vayamos privado,
en San Pero de Cardeña,   ý nos cante el gallo;
veremos vuestra mugier,   menbrada fijadalgo.
Mesuraremos la posada   e quitaremos el reinado;
mucho es huebos,   ca cerca viene el plazo.—

12

Estas palabras dichas,   la tienda es cogida.
Mio Cid e sus conpañas   cavalgan tan aína;
la cara del cavallo   tornó a Santa María,
alçó su mano diestra,   la cara se santigua:
—¡A ti lo gradesco, Dios,   que cielo e tierra guías;
válanme tus vertudes,   gloriosa Santa María!
D'aquí quito Castiella,   pues que el rey he en ira,
non sé si entraré ý más   en todos los mios días.

¡Vuestra vertud me vala,   Gloriosa, en mi exida,
e me ayude e me acorra   de noch e de día! [5v]
Si vós assí lo fiziéredes   e la ventura me fuere conplida,
mando al vuestro altar   buenas donas e ricas;
esto é yo en debdo: que faga ý cantar mill missas.— 225

13

Spidiós' el caboso   de cuer e de veluntad.
Sueltan las riendas   e piensan de aguijar.
Dixo Martín Antolínez,   el burgalés natural:
—Veré a la mugier   a todo mio solaz; 228b
castigarlos he   cómmo abrán a far.
Si el rey me lo quisiere tomar,   a mí non m'incal. 230
Antes seré convusco   que el sol quiera rayar.—
Tornávas' Martín Antolínez a Burgos   e mio Cid a aguijar,
pora San Pero de Cardeña,   cuanto pudo espolear. 233

14

Apriessa cantan los gallos   e quieren quebrar albores, 235
cuando llegó a San Pero   el buen Campeador 236
con estos cavalleros   que·l' sirven a so sabor. 234
El abbat don Sancho,   cristiano del Criador, 237
rezava los matines   abuelta de los albores;
ý estava doña Ximena   con cinco dueñas de pro,
rogando a San Pero   e al Criador: 240
—Tú, que a todos guías,   val a mio Cid el Canpeador.—

15

Llamavan a la puerta,   ý sopieron el mandado.
¡Dios, qué alegre fue   el abbat don Sancho!
Con lunbres e con candelas   al corral dieron salto,
con tan grant gozo reciben   al que en buen ora nasco.
—Gradéscolo a Dios, mio Cid   —dixo el abbat don Sancho—,
pues que aquí vos veo,   prendet de mí ospedado.— [6r]
Dixo el Cid: —Gracias, don abbat,   e só vuestro pagado,
yo adobaré conducho   pora mí e pora mis vassallos;
mas, porque me vo de tierra,   dóvos cincuaenta marcos.
Si yo algún día visquier,   servos han doblados,
non quiero fazer en el monesterio   un dinero de daño.
Evades aquí, pora doña Ximena   dóvos ciento marcos;
a ella, e a sus fijas e a sus dueñas   sirvádeslas est año.
Dues fijas dexo niñas,   e prendetlas en los braços;
aquéllas vos acomiendo   a vós, abbat don Sancho,
d'ellas e de mi mugier   fagades todo recabdo.
Si essa despensa vos falleciere   o vos menguare algo,
bien las abastad,   yo assí vos lo mando;
por un marco que despendades,   al monesterio daré yo cuatro.—
Otorgado ge lo avié   el abbat de grado.
Afevos doña Ximena,   con sus fijas dó va llegando,
señas dueñas las traen   e adúzenlas adelant.
Ant'el Campeador, doña Ximena   fincó los inojos amos,
llorava de los ojos,   quísol' besar las manos:
—¡Merced, Canpeador,   en ora buena fuestes nado!
Por malos mestureros   de tierra sodes echado.

16

¡Merced, ya Cid,   barba tan conplida!
Fem' ante vós   yo e vuestras fijas,
ifantes son   e de días chicas, 269b
con aquestas mis dueñas,   de quien só yo servida.
Yo lo veo,   que estades vós en ida [6v]
e nós de vós   partirnos hemos en vida:
¡dadnos consejo,   por amor de Santa María!—
Enclinó las manos   la barba vellida,
a las sus fijas   en braços las prendía,
llególas al coraçón,   ca mucho las quería;
llora de los ojos,   tan fuertemientre sospira:
—¡Ya doña Ximena,   la mi mugier tan conplida,
commo a la mi alma   yo tanto vos quería!
Ya lo vedes,   que partirnos emos en vida,
yo iré e vós   fincaredes remanida.
¡Plega a Dios   e a Santa María
que aún con mis manos   case estas mis fijas, 282b
o que dé ventura   e algunos días vida,
e vós, mugier ondrada,   de mí seades servida!—

17

Grand yantar le fazen   al buen Canpeador.
Tañen las campanas   en San Pero a clamor.
Por Castiella   oyendo van los pregones,
cómmo se va de tierra   mio Cid el Campeador;
unos dexan casas   e otros onores.

En aqués día,   a la puent de Arlançón
ciento e quinze cavalleros   todos juntados son,
todos demandan   por mio Cid el Canpeador.
Martín Antolínez   con ellos' cojó,
vanse pora San Pero,   do está el que en buen punto nació.

18

Cuando lo sopo   mio Cid el de Bivar,
que·l' crece conpaña,   por que más valdrá,
apriessa cavalga,   recebirlos sale;
dont los ovo a ojo,   tornós' a sonrisar. [7r]
Lléganle todos,   la mano·l' ban besar. 298b
Fabló mio Cid   de toda voluntad:
—Yo ruego a Dios   e al Padre spirital,
vós que por mí dexades   casas e heredades,
enantes que yo muera,   algún bien vos pueda far,
lo que perdedes,   doblado vos lo cobrar.—
Plogo a mio Cid,   porque creció en la yantar,
plogo a los otros omnes,   todos cuantos con él están.
Los seis días de plazo   passados los an,
tres an por trocir,   sepades que non más.
Mandó el rey   a mio Cid aguardar,
que si después del plazo   en su tierra·l' pudiés tomar,
por oro nin por plata   non podrié escapar.
El día es exido,   la noch querié entrar,
a sos cavalleros   mandólos todos juntar:
—Oíd, varones,   non vos caya en pesar,
poco aver trayo,   darvos quiero vuestra part.

Sed menbrados   cómmo lo devedes far:
a la mañana,   cuando los gallos cantarán,
non vos tardedes,   mandedes ensellar;
en San Pero a matines   tandrá el buen abbat,
la missa nos dirá,   ésta será de Santa Trinidad.
La missa dicha,   pensemos de cavalgar,
ca el plazo viene acerca,   mucho avemos de andar.—
Cuemo lo mandó mio Cid,   assí lo an todos a far.
Passando va la noch,   viniendo la man;
a los mediados gallos,   piensan de ensellar.
Tañen a matines   a una priessa tan grand,   [7v]
mio Cid e su mugier   a la eglesia van.
Echós' doña Ximena   en los grados delant el altar,
rogando al Criador,   cuanto ella mejor sabe,
que a mio Cid el Campeador   que Dios le curiás de mal:
—¡Ya Señor glorioso,   Padre que en cielo estás!
Fezist cielo e tierra,   el tercero el mar;
fezist estrellas e luna,   e el sol pora escalentar;
prisist encarnación   en Santa María madre,
en Beleem aparecist,   commo fue tu voluntad,
pastores te glorificaron,   oviéronte a laudare,
tres reyes de Arabia   te vinieron adorar,
Melchior   e Gaspar e Baltasar
oro e tus e mirra te ofrecieron,   commo fue tu veluntad;
salveste a Jonás   cuando cayó en la mar,
salvest a Daniel   con los leones en la mala cárcel,
salvest dentro en Roma   al señor San Sabastián,
salvest a Santa Susaña   del falso criminal;
por tierra andidiste treinta e dos años,   Señor spiritual,
mostrando los miráculos,   por én avemos qué fablar:

del agua fezist vino   e de la piedra pan,
resucitest a Lázaro,   ca fue tu voluntad,
a los judíos te dexeste prender;   do dizen monte Calvarie
pusiéronte en cruz,   por nombre en Golgotá,
dos ladrones contigo,   éstos de señas partes,
el uno es en paraíso,   ca el otro non entró allá;
estando en la cruz   vertud fezist muy grant: [8r]
Longinos era ciego,   que nuncuas vio alguandre,
diot' con la lança en el costado,   dont ixió la sangre,
corrió por el astil ayuso,   las manos se ovo de untar,
alçólas arriba,   llególas a la faz,
abrió los ojos,   cató a todas partes,
en ti crovo al ora,   por end es salvo de mal;
en el monumento resucitest   [................]
e fust a los infiernos,   commo fue tu voluntad,
quebranteste las puertas   e saqueste los santos padres.
Tú eres rey de los reyes   e de tod el mundo padre,
a ti adoro e creo   de toda voluntad,
e ruego a San Peidro   que me ayude a rogar
por mio Cid el Campeador,   que Dios le curie de mal;
¡cuando oy nos partimos,   en vida nos faz juntar!—
La oración fecha,   la missa acabada la an,
salieron de la eglesia,   ya quieren cavalgar.
El Cid a doña Ximena   ívala abraçar,
doña Ximena al Cid   la mano·l' va besar,
llorando de los ojos,   que non sabe qué se far,
e él a las niñas   tornólas a catar:
—A Dios vos acomiendo, fijas,   e al Padre spirital,
agora nos partimos,   Dios sabe el ayuntar.—
Llorando de los ojos,   que non viestes atal, [8v]

así·s' parten unos d'otros   commo la uña de la carne.
Mio Cid con los sos vassallos   pensó de cavalgar,
a todos esperando,   la cabeça tornando va;
a tan grand sabor   fabló Minaya Álbar Fáñez:
—Cid, ¿dó son vuestros esfuerços?   ¡en buen ora nasquiestes de madre!
Pensemos de ir nuestra vía,   esto sea de vagar.
Aun todos estos duelos   en gozo se tornarán,
Dios, que nos dio las almas,   consejo nos dará.—
Al abbat don Sancho tornan   de castigar
cómmo sirva a doña Ximena   e a las fijas que ha,
e a todas sus dueñas   que con ellas están;
bien sepa el abbat   que buen galardón d'ello prendrá.
Tornado es don Sancho   e fabló Álbar Fáñez:
—Si viéredes yentes venir   por connusco ir, abbat,
dezildes que prendan el rastro   e piensen de andar,
ca en yermo o en poblado   podernos han alcanzar.—
Soltaron las riendas,   piensan de andar,
cerca viene el plazo   por el reino quitar.
Vino mio Cid yazer   a Spinaz de Can,
grandes yentes se le acojen   essa noch de todas partes. 395
Otro día mañana   piensa de cavalgar, 394
ixiéndos' va de tierra   el Canpeador leal; 396
de siniestro Sant Estevan,   una buena cipdad,
de diestro Alilón las torres,   que moros las han. [9r]
Passó por Alcobiella,   que de Castiella fin es ya;
la calçada de Quinea   ívala traspassar,
sobre Navas de Palos   el Duero va pasar,
a la Figueruela   mio Cid iva posar;
vánsele acogiendo   yentes de todas partes.

19

Ý se echava mio Cid   después que cenado fue,
un sueño·l' priso dulce,   tan bien se adurmió;
el ángel Gabriel   a él vino en sueño:
—¡Cavalgad, Cid,   el buen Campeador,
ca nuncua en tan buen punto   cavalgó varón!
Mientra que visquiéredes,   bien se fará lo to.—
Cuando se despertó el Cid,   la cara se santigó,
sinava la cara,   a Dios se acomendó.

20

Mucho era pagado   del sueño que soñado á.
Otro día mañana   piensan de cavalgar,
es día á de plazo,   sepades que non más;
a la sierra de Miedes   ellos ivan posar.

21

Aún era de día,   non era puesto el sol,
mandó ver sus yentes   mio Cid el Campeador:
sin las peonadas   e omnes valientes que son,
notó trezientas lanças,   que todas tienen pendones.

22

—Temprano dat cevada,   ¡sí el Criador vos salve! [9v]
El que quisiere comer,   e qui no, cavalgue.
Passaremos la sierra,   que fiera es e grand,
la tierra del rey Alfonso   esta noch la podemos quitar;
después, qui nos buscare   fallarnos podrá.—
De noch passan la sierra,   vinida es la man,
e por la loma ayuso   piensan de andar.
En medio de una montaña   maravillosa e grand
fizo mio Cid posar   e cevada dar.
Díxoles a todos   cómmo querié trasnochar;
vassallos tan buenos   por coraçón lo an,
mandado de so señor   todo lo han a far.
Ante que anochesca   piensan de cavalgar,
por tal lo faze mio Cid   que no lo ventasse nadi;
andidieron de noch,   que vagar non se dan.
O dizen Castejón,   el que es sobre Fenares,
mio Cid se echó en celada   con aquellos que él trae.
El que en buen ora nasco   toda la noche en celada yaze,
commo lo consejava   Minaya Álbar Fáñez:

23

—¡Ya Cid,   en buen ora cinxiestes espada!
Vós con ciento   de aquesta nuestra conpaña,
pues que a Castejón   sacaremos a celada...
[......................................]
—Vós con los dozientos   idvos en algara;

allá vaya Álbar Álbarez   e Álvar Salvadórez, sin falla,
e Galín García,   una fardida lança, 443b
cavalleros buenos   que acompañen a Minaya.
A osadas corred,   que por miedo non dexedes nada, [10r]
Fita ayuso   e por Guadalfajara,
fata Alcalá   lleguen las algaras, 446b
e bien acojan   todas las ganancias,
que por miedo de los moros   non dexen nada;
e yo con los ciento   aquí fincaré en la çaga,
terné yo Castejón,   don abremos grand enpara.
Si cueta vos fuere   alguna al algara,
fazedme mandado   muy privado a la çaga;
¡d'aqueste acorro   fablará toda España!—
Nonbrados son   los que irán en el algara
e los que con mio Cid   ficarán en la çaga.
Ya quiebran los albores   e vinié la mañana,
ixié el sol,   ¡Dios, qué fermoso apuntava!
En Castejón   todos se levantavan,
abren las puertas,   de fuera salto davan,
por ver sus lavores   e todas sus heredades.
Todos son exidos,   las puertas abiertas an dexadas,
con pocas de gentes   que en Castejón fincaran;
las yentes de fuera   todas son derramadas.
El Campeador   salió de la celada,
corrié   a Castejón sin falla, 464b
moros e moras   aviélos de ganancia,
e essos gañados   cuantos en derredor andan.
Mio Cid don Rodrigo   a la puerta adeliñava,
los que la tienen,   cuando vieron la rebata,
ovieron miedo,   e fue desenparada. [10v]

Mio Cid Ruy Díaz   por las puertas entrava,
en mano trae   desnuda el espada,
quinze moros matava   de los que alcançava;
gañó a Castejón   e el oro e la plata.
Sos cavalleros   llegan con la ganancia,
déxanla a mio Cid,   todo esto non precian nada.
Afevos los dozientos   e tres en el algara,
e sin dubda corren   [......................];
fasta Alcalá llegó   la seña de Minaya
e desí arriba   tórnanse con la ganancia,
Fenares arriba   e por Guadalfajara.
Tanto traen   las grandes ganancias,
muchos gañados   de ovejas e de vacas,
e de ropas,   e de otras riquizas largas.
Derecha viene   la seña de Minaya,
non osa ninguno   dar salto a la çaga.
Con aqueste aver   tórnanse essa conpaña,
felos en Castejón,   o el Campeador estava;
el castiello dexó en so poder,   el Canpeador cavalga,
saliólos recebir   con esta su mesnada;
los braços abiertos,   recibe a Minaya:
—¡Venides, Álbar Fáñez,   una fardida lança!
Do yo vos enbiás,   bien abría tal esperança.
Esso con esto   sea ayuntado;
dóvos la quinta,   si la quisiéredes, Minaya.—

24

—Mucho vos lo gradesco,   Campeador contado; [11r]

d'aquesta quinta   que me avedes mandado,
pagarse ía d'ella   Alfonso el castellano.
Yo vos la suelto   e avello quitado.
A Dios lo prometo,   a aquel que está en alto,
fata que yo me pague   sobre mio buen cavallo
lidiando   con moros en el campo,
que enpleye la lança   e al espada meta mano,
e por el cobdo ayuso   la sangre destellando,
ante Ruy Díaz,   el lidiador contado,
non prendré de vós   cuanto vale un dinero malo;
pues que por mí ganaredes   quesquier que sea d'algo,
todo lo otro   afelo en vuestra mano.—

25

Estas ganancias   allí eran juntadas.
Comidiós' mio Cid,   el que en buen ora cinxo espada,
el rey Alfonso,   que llegarién sus compañas,
que·l' buscarié mal   con todas sus mesnadas.
Mandó partir   tod aquesta ganancia,
sos quiñoneros   que ge los diessen por carta.
Sos cavalleros   ý an arribança,
a cada uno d'ellos   caen ciento marcos de plata,
e a los peones   la meatad sin falla;
toda la quinta   a mio Cid fincava. [11v]
Aquí non lo puede vender   nin dar en presentaja,
nin cativos nin cativas   non quiso traer en su conpaña.
Fabló con los de Castejón   e envió a Fita e a Guadalfajara,
esta quinta   por cuánto serié conprada,

aun de lo que diessen que oviessen grand ganancia.
Asmaron los moros tres mill marcos de plata,
plogo a mio Cid d'aquesta presentaja;
a tercer día, dados fueron sin falla.
Asmó mio Cid con toda su conpaña
que en el castiello non ý avrié morada
e que serié retenedor, mas non ý avrié agua.
—Moros en paz, ca escripta es la carta,
buscarnos ie el rey Alfonso con toda su mesnada.
Quitar quiero Castejón; oíd, escuelas e Minaya,

26

lo que yo dixier non lo tengades a mal:
en Castejón non podriemos fincar,
cerca es el rey Alfonso e buscarnos verná,
mas el castiello non lo quiero hermar,
ciento moros e ciento moras quiérolas quitar,
porque lo pris d'ellos, que de mí non digan mal.
Todos sodes pagados e ninguno por pagar,
cras a la mañana pensemos de cavalgar;
con Alfonso mio señor non querría lidiar.— [12r]
Lo que dixo el Cid a todos los otros plaz;
del castiello que prisieron todos ricos se parten.
Los moros e las moras bendiziéndol' están.
Vanse Fenares arriba cuanto pueden andar,
trocen las Alcarrias e ivan adelant,
por las cuevas d'Anquita ellos passando van.
Passaron las aguas, entraron al campo de Toranz,

por essas tierras ayuso   cuanto pueden andar.
Entre Fariza e Cetina   mio Cid iva albergar,
grandes son las ganancias que priso   por la tierra do va;
non lo saben los moros   el ardiment que an.
Otro día moviós'   mio Cid el de Bivar
e passó a Alfama,   la foz ayuso va,
passó a Bovierca   e a Teca, que es adelant,
e sobre Alcocer   mio Cid iva posar,
en un otero   redondo, fuerte e grand;
acerca corre Salón,   agua no·l' puedent vedar.
Mio Cid don Rodrigo   Alcocer cueda ganar.

27

Bien puebla el otero,   firme prende las posadas,
los unos contra la sierra   e los otros contra la agua.
El buen Canpeador,   que en buen ora cinxo espada,
derredor del otero,   bien cerca del agua,
a todos sos varones   mandó fazer una cárcava, [12v]
que de día nin de noch   non les diessen arrebata,
que sopiessen que mio Cid   allí avié fincança.

28

Por todas essas tierras   ivan los mandados,
que el Campeador mio Cid   allí avié poblado,
venido es a moros,   exido es de cristianos;
en la su vezindad   non se treven ganar tanto.

Agardándose va mio Cid   con todos sus vassallos,
el castiello de Alcocer   en paria va entrando.

29

Los de Alcocer   a mio Cid ya·l' dan parias,
e los de Teca   e los de Terrer la casa.
A los de Calataút,   sabet, mal les pesava.
Allí yogo mio Cid   complidas quinze semanas.
Cuando vio mio Cid   que Alcocer non se le dava,
él fizo un art   e non lo detardava:
dexa una tienda fita   e las otras levava,
cojós' Salón ayuso,   la su seña alçada,
las lorigas vestidas   e cintas las espadas,
a guisa de menbrado,   por sacarlos a celada.
Veyénlo los de Alcocer,   ¡Dios, cómmo se alabavan!:
—Fallido á a mio Cid   el pan e la cevada;
las otras abés lieva,   una tienda á dexada;
de guisa va mio Cid   commo si escapasse de arrancada. [13r]
Demos salto a él   e feremos grant ganancia,
antes que·l' prendan los de Terrer,   si non, non nos darán dent nada;
la paria qu'él á presa   tornárnosla ha doblada.—
Salieron de Alcocer   a una priessa much estraña.
Mio Cid, cuando los vio fuera,   cogiós' commo de arrancada,
cojós' Salón ayuso,   con los sos abuelta anda.
Dizen los de Alcocer: —¡Ya se nos va la ganancia!—
Los grandes e los chicos   fuera salto davan,
al sabor del prender,   de lo ál non piensan nada,
abiertas dexan las puertas,   que ninguno non las guarda.

El buen Campeador la su cara tornava,
vio que entr'ellos e el castiello mucho avié grand plaça,
mandó tornar la seña, apriessa espoloneavan:
—¡Firidlos, cavalleros, todos sines dubdança!
¡Con la merced del Criador, nuestra es la ganancia!—
Bueltos son con ellos por medio de la llana,
¡Dios, qué bueno es el gozo por aquesta mañana!
Mio Cid e Álbar Fáñez adelant aguijavan,
tienen buenos cavallos, sabet, a su guisa les andan,
entr'ellos e el castiello en essora entravan.
Los vassallos de mio Cid sin piedad les davan,
en un ora e un poco de logar trezientos moros matan.
Dando grandes alaridos los que están en la celada, [13v]
dexando van los delant, por el castiello se tornavan;
las espadas desnudas, a la puerta se paravan,
luego llegavan los sos, ca fecha es el arrancada.
Mio Cid gañó a Alcocer, sabet, por esta maña.

30

Vino Pero Vermúez, que la seña tiene en mano,
metióla en somo, en todo lo más alto.
Fabló mio Cid Ruy Díaz, el que en buen ora fue nado:
—¡Grado a Dios del cielo e a todos los sos santos,
ya mejoraremos posadas a dueños e a cavallos!

31

Oíd a mí, Álbar Fáñez   e todos los cavalleros;
en este castiello   grand aver avemos preso,
los moros yazen muertos,   de bivos pocos veo;
los moros e las moras   vender non los podremos,
que los descabecemos   nada non ganaremos,
cojámoslos de dentro,   ca el señorío tenemos,
posaremos en sus casas   e d'ellos nos serviremos.—

32

Mio Cid con esta ganancia   en Alcocer está,
fizo enbiar por la tienda   que dexara allá.
Mucho pesa a los de Teca   e a los de Terrer non plaze,
e a los de Calatayut   non plaze.
Al rey de Valencia   enbiaron con mensaje,
que a uno que dizién mio Cid   Ruy Díaz de Bivar
airólo el rey Alfonso,   de tierra echado lo ha, [14r]
vino posar sobre Alcocer   en un tan fuerte logar,
sacólos a celada,   el castiello ganado á.
—Si non das consejo,   a Teca e a Terrer perderás,
perderás Calatayut,   que non puede escapar.
Ribera de Salón   toda irá a mal,
assí ferá lo de Siloca,   que es del otra part.—
Cuando lo oyó el rey Tamín   por cuer le pesó mal:
—Tres reyes veo de moros   derredor de mí estar.
Non lo detardedes,   los dos id pora allá.
Tres mill moros levedes   con armas de lidiar,

con los de la frontera,   que vos ayudarán,
prendétmelo a vida,   aduzídmelo deland;
porque se me entró en mi tierra,   derecho me avrá a dar.—
Tres mill moros cavalgan   e piensan de andar,
ellos vinieron a la noch   en Sogorve posar.
Otro día mañana   piensan de cavalgar,
vinieron a la noch   a Celfa posar,
por los de la frontera   piensan de enviar;
non lo detienen,   vienen de todas partes.
Ixieron de Celfa,   la que dizen de Canal,
andidieron todo'l día,   que vagar non se dan,
vinieron essa noche   en Calatayut posar.
Por todas essas tierras   los pregones dan,
gentes se ayuntaron   sobejanas de grandes   [14v]
con aquestos dos reyes   que dizen Fáriz e Galve;
al bueno de mio Cid   en Alcocer le van cercar.

33

Fincaron las tiendas   e prendend las posadas,
crecen estos virtos,   ca yentes son sobejanas.
Las arrobdas   que los moros sacan,
de día e de noch   enbueltos andan en armas;
muchas son las arrobdas   e grande es el almofalla,
a los de mio Cid   ya les tuellen el agua.
Mesnadas de mio Cid   exir querién a la batalla,
el que en buen ora nasco   firme ge lo vedava;
toviérongela en cerca   complidas tres semanas.

34

A cabo de tres semanas,   la cuarta querié entrar,
mio Cid con los sos   tornós' a acordar:
—El agua nos an vedada,   exirnos ha el pan.
Que nos queramos ir de noch   no nos lo consintrán;
grandes son los poderes   por con ellos lidiar.
Dezidme, cavalleros,   cómmo vos plaze de far.—
Primero fabló Minaya,   un cavallero de prestar:
—De Castiella la gentil   exidos somos acá,
si con moros non lidiáremos,   no nos darán del pan.
Bien somos nós seiscientos,   algunos ay de más;
en el nonbre del Criador,   que non pase por ál: [15r]
vayámoslos ferir   en aquel día de cras.—
Dixo el Campeador: —A mi guisa fablastes,
ondrástesvos, Minaya,   ca avérvoslo iedes de far.—
Todos los moros e las moras   de fuera los manda echar,
que non sopiesse ninguno   esta su poridad.
El día e la noche   piénsanse de adobar.
Otro día mañana   el sol querié apuntar;
armado es mio Cid   con cuantos que él ha.
Fablava mio Cid   commo odredes contar:
—Todos iscamos fuera,   que nadi non raste,
sinon dos peones solos   por la puerta guardar.
Si nós muriéremos en campo,   en castiello nos entrarán;
si venciéremos la batalla,   creçremos en rictad.
E vós, Pero Vermúez,   la mi seña tomad,
commo sodes muy bueno,   tenerla edes sin art,
mas non aguijedes con ella   si yo non vos lo mandar.—
Al Cid besó la mano,   la seña va tomar.

Abrieron las puertas,   fuera un salto dan;
viéronlo las arrobdas de los moros,   al almofalla se van tornar.
¡Qué priessa va en los moros!   e tornáronse a armar,
ante roído de atamores   la tierra querié quebrar;
veriedes armarse moros,   apriessa entrar en az.
De parte de los moros   dos señas ha cabdales
e fizieron dos azes de pendones mezclados,   ¿quí los podrié contar? [15v]
Las azes de los moros   ya·s' mueven adelant,
por a mio Cid e a los sos   a manos los tomar.
—Quedas sed, mesnadas,   aquí en este logar,
non derranche ninguno   fata que yo lo mande.—
Aquel Pero Vermúez   non lo pudo endurar,
la seña tiene en mano,   conpeçó de espolonar:
—¡El Criador vos vala,   Cid Campeador leal!
Vo meter la vuestra seña   en aquella mayor az;
los que el debdo avedes   veremos cómmo la acorrades.—
Dixo el Campeador: —¡Non sea, por caridad!—
Respuso Pero Vermúez: —¡Non rastará por ál!—
Espolonó el cavallo   e metiól' en el mayor az.
Moros le reciben   por la seña ganar,
danle grandes colpes,   mas no·l' pueden falsar.
Dixo el Campeador: —¡Valelde, por caridad!—

35

Enbraçan los escudos   delant los coraçones,
abaxan las lanças   abueltas de los pendones,
enclinaron las caras   de suso de los arzones,
ívanlos ferir   de fuertes coraçones.

A grandes vozes llama   el que en buen ora nació:
—¡Feridlos, cavalleros,   por amor del Criador!
¡Yo só Ruy Díaz,   el Cid Campeador!—
Todos fieren en el az   do está Pero Vermúez,
trezientas lanças son,   todas tienen pendones; [16r]
seños moros mataron,   todos de seños colpes;
a la tornada que fazen   otros tantos son.

36

Veriedes tantas lanças   premer e alçar,
tanta adágara   foradar e passar,
tanta loriga   falsar e desmanchar,
tantos pendones blancos   salir vermejos en sangre,
tantos buenos cavallos   sin sos dueños andar.
Los moros llaman —¡Mafómat!—   e los cristianos, —¡Santi Yagüe!—
Cayén en un poco de logar   moros muertos mill e trezientos ya.

37

¡Cuál lidia bien   sobre exorado arzón
mio Cid Ruy Díaz,   el buen lidiador!
Minaya Álbar Fáñez,   que Çorita mandó,
Martín Antolínez,   el burgalés de pro,
Muño Gustioz,   que so criado fue,
Martín Muñoz,   el que mandó a Mont Mayor,
Álbar Álbarez   e Álbar Salvadórez,
Galín García,   el bueno de Aragón,

Félez Muñoz, so sobrino del Campeador;
desí adelante, cuantos que ý son
acorren la seña e a mio Cid el Canpeador.

38

A Minaya Álbar Fáñez matáronle el cavallo,
bien lo acorren mesnadas de cristianos.
La lança á quebrada, al espada metió mano;
maguer de pie, buenos colpes va dando.
Violo mio Cid Ruy Díaz el castellano, [16v]
acostós' a un aguazil que tenié buen cavallo,
diol' tal espadada con el so diestro braço,
cortól' por la cintura, el medio echó en campo;
a Minaya Álbar Fáñez ival' dar el cavallo:
—¡Cavalgad, Minaya, vós sodes el mio diestro braço!
Oy en este día de vós abré grand bando;
firmes son los moros, aún no·s' van del campo.—
Cavalgó Minaya, el espada en la mano,
por estas fuerças fuertemientre lidiando;
a los que alcança valos delibrando.
Mio Cid Ruy Díaz, el que en buen ora nasco,
al rey Fáriz tres colpes le avié dado,
los dos le fallen e el uno·l' ha tomado;
por la loriga ayuso la sangre destellando,
bolvió la rienda por írsele del campo.
Por aquel colpe rancado es el fonsado.

39

Martín Antolínez   un colpe dio a Galve,
las carbonclas del yelmo   echógelas aparte,
cortól' el yelmo,   que llegó a la carne;
sabet, el otro   non ge l'osó esperar.
Arrancado es   el rey Fáriz e Galve.
¡Tan buen día   por la cristiandad,
ca fuyén   los moros de la part!
Los de mio Cid   firiendo en alcaz,
el rey Fáriz   en Terrer se fue entrar,
e a Galve   no·l' cogieron allá, [17r]
para Calatayut   cuanto puede se va.
El Campeador   íval' en alcaz,
fata Calatayut   duró el segudar.

40

A Minaya Álbar Fáñez   bien l'anda el cavallo,
d'aquestos moros   mató treinta e cuatro;
espada tajador,   sangriento trae el braço,
por el cobdo ayuso   la sangre destellando.
Dize Minaya: —Agora só pagado,
que a Castiella   irán buenos mandados,
que mio Cid Ruy Díaz   lid campal á arrancado.—
Tantos moros yazen muertos   que pocos bivos á dexados,
ca en alcaz   sin dubda les fueron dando.
Ya·s' tornan   los del que en buen ora nasco.
Andava mio Cid   sobre so buen cavallo,

la cofia fronzida, ¡Dios, cómmo es bien barbado!
Almófar a cuestas, la espada en la mano,
vio los sos cómmo·s' van allegando:
—¡Grado a Dios, a aquél que está en alto,
cuando tal batalla avemos arrancado!—
Esta albergada los de mio Cid luego la an robado
de escudos e de armas e de otros averes largos;
de los moriscos, cuando son llegados,
fallaron quinientos e diez cavallos. 796b
Grand alegreya va entre essos cristianos,
más de quinze de los sos menos non fallaron.
Traen oro e plata que non saben recabdo,
con aquesta ganancia refechos son todos esos cristianos. [17v]
A so castiello a los moros dentro los an tornados;
mandó mio Cid aún que les diessen algo.
Grant á el gozo mio Cid con todos sos vassallos,
dio a partir estos dineros e estos averes largos;
en la su quinta al Cid caen ciento cavallos.
¡Dios, qué bien pagó a todos sus vassallos,
a los peones e a los encavalgados!
Bien lo aguisa el que en buen ora nasco,
cuantos él trae todos son pagados.
—Oíd, Minaya, sodes mio diestro braço:
d'aquesta riqueza que el Criador nos á dado
a vuestra guisa prended con vuestra mano.
Enbiarvos quiero a Castiella con mandado
d'esta batalla que avemos arrancado;
al rey Alfonso, que me á airado,
quiérol' enbiar en don treinta cavallos,
todos con siellas e muy bien enfrenados,

señas espadas   de los arçones colgando.—
Dixo Minaya Álbar Fáñez: —Esto faré yo de grado.—

41

—Evades aquí   oro e plata,
una huesa llena,   que nada no·l' mingua;
en Santa María de Burgos   quitedes mill missas,
lo que romaneciere   daldo a mi mugier e a mis fijas,
que rueguen por mí   las noches e los días; [18r]
si les yo visquier,   serán dueñas ricas.—

42

Minaya Álbar Fáñez   d'esto es pagado,
por ir con él   omnes son contados. 826b

42 BIS

Agora davan cevada,   ya la noch era entrada;
mio Cid Ruy Díaz   con los sos se acordava:

43

—¡Ídesvos, Minaya,   a Castiella la gentil!
A nuestros amigos   bien les podedes dezir:
«Dios nos valió   e venciemos la lid».

It; a la tornada,   si nos falláredes aquí,
si non, do sopiéredes que somos   indos conseguir.
Por lanças e por espadas   avemos de guarir,
si non, en esta tierra angosta   non podriemos bivir.—

44

Ya es aguisado,   mañana·s' fue Minaya
e el Campeador   fincó ý con su mesnada.
La tierra es angosta   e sobejana de mala;
todos los días   a mio Cid aguardavan
moros de las fronteras   e unas yentes estrañas.
Sanó el rey Fáriz,   con él se consejavan;
entre los de Teca   e los de Terrer la casa
e los de Calatayut,   que es más ondrada,
así lo an asmado   e metudo en carta:
vendido les á Alcocer   por tres mill marcos de plata.

45

Mio Cid Ruy Díaz   a Alcocer es venido.
¡Qué bien pagó   a sus vassallos mismos!
A cavalleros e a peones   fechos los ha ricos,
en todos los sos   non fallariedes un mesquino: [18v]
qui a buen señor sirve   siempre bive en delicio.

46

Cuando mio Cid   el castiello quiso quitar,
moros e moras   tomáronse a quexar:
—¡Vaste, mio Cid, [...........................]!
¡Nuestras oraciones   váyante delante!
Nós pagados fincamos,   señor, de la tu part.—
Cuando quitó a Alcocer   mio Cid el de Bivar,
moros e moras   compeçaron de llorar.
Alçó su seña,   el Campeador se va,
pasó Salón ayuso,   aguijó cabadelant;
al exir de Salón   mucho ovo buenas aves.
Plogo a los de Terrer   e a los de Calatayut más,
pesó a los de Alcocer,   ca pro les fazié grant.
Aguijó mio Cid,   ívas' cabadelant,
ý fincó en un poyo   que es sobre Montreal;
alto es el poyo,   maravilloso e grant,
non teme guerra,   sabet, a nulla part.
Metió en paria   a Daroca enantes,
desí a Molina,   que es del otra part,
la tercera Teruel,   que estava delant;
en su mano tenié   a Celfa la de Canal.

47

¡Mio Cid Ruy Díaz   de Dios aya su gracia!
Ido es a Castiella   Álbar Fáñez Minaya,
treinta cavallos   al rey los enpresentava.
Violos el rey,   fermoso sonrisava: [19r]

—¿Quí·n' los dio éstos, sí vos vala Dios, Minaya?—
—Mio Cid Ruy Díaz, que en buen ora cinxo espada.
Venció dos reyes moros en aquesta batalla;
sobejana es, señor, la su ganancia.
A vós, rey ondrado, enbía esta presentaja,
bésavos los pies e las manos amas
que l'ayades merced, sí el Criador vos vala.—
Dixo el rey: —Mucho es mañana
omne airado, que de señor non ha gracia,
por acogello a cabo de tres semanas.
Mas, después que de moros fue, prendo esta presentaja;
aún me plaze de mio Cid, que fizo tal ganancia.
Sobr'esto todo, a vós quito, Minaya;
honores e tierras avellas condonadas.
Id e venit, d'aquí vos dó mi gracia,
mas del Cid Campeador yo non vos digo nada.
Sobre aquesto todo, dezirvos quiero, Minaya,

48

de todo mio reino los que lo quisieren far,
buenos e valientes, por a mio Cid huyar,
suéltoles los cuerpos e quítoles las heredades.—
Besóle las manos Minaya Álbar Fáñez:
—Grado e gracias, rey, commo a señor natural.
Esto feches agora, ál feredes adelant.—

49

—Id por Castiella   e déxenvos andar, Minaya,
sin nulla dubda   id a mio Cid buscar ganancia.—
Quiérovos dezir   del que en buen ora cinxo espada. [19v]
Aquel poyo,   en él priso posada;
mientra que sea el pueblo de moros   e de la yente cristiana,
el Poyo de mio Cid   así·l' dirán por carta.
Estando allí   mucha tierra preava,
el río de Martín   todo lo metió en paria.
A Saragoça   sus nuevas llegavan,
non plaze a los moros,   firmemientre les pesava.
Allí sovo mio Cid   conplidas quinze semanas.
Cuando vio el caboso   que se tardava Minaya,
con todas sus yentes   fizo una trasnochada;
dexó el poyo,   todo lo desenparava,
allende Teruel   don Rodrigo passava,
en el pinar de Tévar   don Roy Díaz posava,
todas essas tierras   todas las preava,
a Saragoça   metuda l'á en paria.
Cuando esto fecho ovo,   a cabo de tres semanas,
de Castiella   venido es Minaya,
dozientos con él,   que todos ciñen espadas,
non son en cuenta,   sabet, las peonadas.
Cuando vio mio Cid   asomar a Minaya,
el cavallo corriendo,   valo abraçar sin falla,
besóle la boca   e los ojos de la cara.
Todo ge lo dize,   que no l'encubre nada.
El Campeador   fermoso sonrisava:
—¡Grado a Dios   e a las sus vertudes santas, [20r]
mientra vós visquiéredes,   bien me irá a mí, Minaya!—

50

¡Dios, cómmo fue alegre todo aquél fonsado
que Minaya Álbar Fáñez assí era llegado,
diziéndoles saludes de primos e de hermanos,
e de sus compañas, aquellas que avién dexado!

51

¡Dios, cómmo es alegre la barba vellida
que Álbar Fáñez pagó las mill missas
e que·l' dixo saludes de su mugier e de sus fijas!
¡Dios, cómmo fue el Cid pagado e fizo gran alegría!
—¡Ya Álbar Fáñez, bivades muchos días!—

52

Non lo tardó el que en buen ora nasco,
tierras de Alcañiz negras las va parando
e a derredor todo lo va preando;
al tercer día, don ixo, ý es tornado.

53

Ya va el mandado por las tierras todas,
pesando va a los de Monçón e a los de Huesca;
porque dan parias plaze a los de Saragoça,
de mio Cid Ruy Díaz que non temién ninguna fonta.

54

Con estas ganancias   a la posada tornándose van;
todos son alegres,   ganancias traen grandes,
plogo a mio Cid   e mucho a Álbar Fáñez.
Sonrisós' el caboso,   que non lo pudo endurar:
—¡Ya cavalleros!   Dezirvos he la verdad:
qui en un logar mora siempre   lo so puede menguar.
Cras a la mañana   pensemos de cavalgar, [20v]
dexat estas posadas   e iremos adelant.—
Estonces se mudó el Cid   al puerto de Alucant,
dent corre mio Cid   a Huesa e a Montalván;
en aquessa corrida   diez días ovieron a morar.
Fueron los mandados   a todas partes
que el salido de Castiella   así los trae tan mal;
los mandados   son idos a todas partes,

55

llegaron las nuevas   al conde de Barcilona
que mio Cid Ruy Díaz   que·l' corrié la tierra toda;
ovo grand pesar   e tóvos'lo a grand fonta.

56

El conde es muy follón   e dixo una vanidat:
—Grandes tuertos me tiene   mio Cid el de Bivar,
dentro en mi cort   tuerto me tovo grand,

firióm' el sobrino   e no·n' lo enmendó más;
agora córrem' las tierras   que en mi enpara están.
Non lo desafié   ni·l' torné amistad,
mas, cuando él me lo busca,   írgelo he yo demandar.—
Grandes son los poderes   e apriessa llegándose van,
entre moros e cristianos   gentes se le allegan grandes.
Adeliñan tras mio Cid,   el bueno de Bivar,
tres días e dos noches   pensaron de andar,
alcançaron a mio Cid   en Tévar e el pinar;
así viene esforçado el conde   que a manos se le cuidó tomar.
Mio Cid don Rodrigo   ganancia trae grand,
dice de una sierra   e llegava a un val. [21r]
Del conde don Remont   venido l'es mensaje;
mio Cid cuando lo oyó   enbió pora allá:
—Digades al conde   non lo tenga a mal,
de lo so non lievo nada,   déxem' ir en paz.—
Respuso el conde: —¡Esto non será verdad!
¡Lo de antes e de agora   todo·m' lo pechará,
sabrá el salido   a quién vino desondrar!—
Tornós' el mandadero   cuanto pudo más;
essora lo coñosce   mio Cid el de Bivar
que a menos de batalla   no·s' pueden den quitar:

57

—¡Ya cavalleros,   apart fazed ganancia,
apriessa vos guarnid   e metedos en las armas!
El conde don Remont   darnos ha grant batalla,
de moros e de cristianos   gentes trae sobejanas,

a menos de batalla   non nos dexarié por nada.
Pues adelant irán tras nós,   aquí sea la batalla;
apretad los cavallos   e bistades las armas.
Ellos vienen cuesta yuso   e todos traen calças,
e las siellas coceras   e las cinchas amojadas;
nós cavalgaremos siellas gallegas   e huesas sobre calças,
ciento cavalleros   devemos vencer a aquellas mesnadas.
Antes que ellos lleguen al llano   presentémosles las lanças:
por uno que firgades   tres siellas irán vazias.
Verá Remont Verenguel   tras quién vino en alcança,
oy en este pinar de Tévar   por tollerme la ganancia.—

58

Todos son adobados   cuando mio Cid esto ovo fablado, [21v]
las armas avién presas   e sedién sobre los cavallos;
vieron la cuesta yuso   la fuerça de los francos.
Al fondón de la cuesta,   cerca es del llano,
mandólos ferir mio Cid,   el que en buen hora nasco;
esto fazen los sos   de voluntad e de grado,
los pendones e las lanças   tan bien las van enpleando,
a los unos firiendo   e a los otros derrocando.
Vencido á esta batalla   el que en buen hora nasco,
al conde don Remont   a presón le á tomado.

59

Ý gañó a Colada,   que más vale de mill marcos de plata,

ý benció esta batalla,   por o ondró su barba.
Prísolo al conde,   pora su tienda lo levava,
a sos creenderos   guardarlo mandava.
De fuera de la tienda   un salto dava,
de todas partes   los sos se ayuntavan;
plogo a mio Cid,   ca grandes son las ganancias.
A mio Cid don Rodrigo   grant cozina l'adobavan,
el conde don Remont   non ge lo precia nada;
adúzenle los comeres,   delant ge los paravan,
él non los quiere comer,   a todos los sosañava:
—Non combré un bocado   por cuanto ha en toda España,
antes perderé el cuerpo   e dexaré el alma,
pues que tales malcalçados   me vencieron en batalla.—

60

Mio Cid Ruy Díaz   odredes lo que dixo:
—Comed, conde, d'este pan   e beved d'este vino; [22r]
si lo que digo fiziéredes   saldredes de cativo,
si non, en todos vuestros días   non veredes cristianismo.—

61

Dixo el conde: —Comede, don Rodrigo   e pensedes de folgar,
que yo dexarm'é morir,   que non quiero yantar.—
Fasta tercer día   no·l' pueden acordar;
ellos partiendo   estas ganancias grandes,
no·l' pueden fazer comer   un muesso de pan.

62

Dixo mio Cid: —Comed, conde, algo,
ca si non comedes, non veredes cristianos; 1033b
e si vós comiéredes don yo sea pagado,
a vós e a dos fijosdalgo
quitarvos he los cuerpos e darvos é de mano.— 1035b
Cuando esto oyó el conde ya s'iva alegrando:
—Si lo fiziéredes, Cid, lo que avedes fablado,
tanto cuanto yo biva seré dent maravillado.—
—Pues comed, conde, e cuando fuéredes yantado
a vós e a otros dos darvos he de mano, 1040
mas cuanto avedes perdido e yo gané en canpo,
sabet, non vos daré a vós un dinero malo, 1042
ca huebos me lo he e pora estos mios vassallos 1044
que conmigo andan lazrados. 1045
Prendiendo de vós e de otros irnos hemos pagando,
abremos esta vida mientra ploguiere al Padre Santo,
commo qui ira á de rey e de tierra es echado.—
Alegre es el conde e pidió agua a las manos,
e tiénengelo delant e diérongelo privado. 1050
Con los cavalleros que el Cid le avié dados, [22v]
comiendo va el conde, ¡Dios, qué de buen grado!
Sobr'él sedié el que en buen ora nasco:
—Si bien non comedes, conde, don yo sea pagado,
aquí feremos la morada, no nos partiremos amos.— 1055
Aquí dixo el conde: —¡De voluntad e de grado!—
Con estos dos cavalleros apriessa va yantando;
pagado es mio Cid, que lo está aguardando,
porque el conde don Remont tan bien bolvié las manos.

—Si vos ploguiere, mio Cid, de ir somos guisados;
mandadnos dar las bestias e cavalgaremos privado.
Del día que fue conde non yanté tan de buen grado,
el sabor que dend é non será olbidado.—
Danle tres palafrés muy bien ensellados
e buenas vestiduras de pelliçones e de mantos.
El conde don Remont entre los dos es entrado,
fata cabo del albergada escurriólos el castellano:
—¡Ya vos ides, conde, a guisa de muy franco!
¡En grado vos lo tengo lo que me avedes dexado!
Si vos viniere emiente que quisiéredes vengallo,
si me viniéredes buscar, fallarme podredes,
o me dexaredes de lo vuestro o de lo mio llevaredes algo.— 1072–73
—Folguedes ya, mio Cid, sodes en vuestro salvo;
pagado vos he por todo aqueste año,
de venirvos buscar sol non será pensado.—

63

Aguijava el conde e pensava de andar,
tornando va la cabeça e catándos' atrás, [23r]
miedo iva aviendo que mio Cid se repintrá,
lo que non ferié el caboso por cuanto en el mundo ha,
una deslealtança, ca non la fizo alguandre.
Ido es el conde, tornós' el de Bivar,
juntós' con sus mesnadas, conpeçólas de pagar
de la ganancia que an fecha, maravillosa e grand: 1084
¡Tan ricos son los sos que non saben qué se an! 1086

Cantar segundo

64

Aquí·s' conpieça la gesta   de mio Cid el de Bivar.
Poblado ha mio Cid   el puerto de Alucant,
dexado á Saragoça   e las tierras d'acá,
e dexado á Huesa   e las tierras de Montalván;
contra la mar salada   conpeçó de guerrear,
a orient exe el sol   e tornós' a essa part.
Mio Cid gañó a Xérica   e a Onda e a Almenar,
tierras de Borriana   todas conquistas las ha.

65

Ayudóle el Criador,   el Señor que es en cielo.
Él con todo esto   priso a Murviedro;
ya vie mio Cid   que Dios le iva valiendo.
Dentro en Valencia   non es poco el miedo.

66

Pesa a los de Valencia,   sabet, non les plaze;
prisieron so consejo   que·l' viniessen cercar.
Trasnocharon de noch,   al alva de la man

acerca de Murviedro   tornan tiendas a fincar.
Violo mio Cid,   tomós' a maravillar:
—¡Grado a ti,   Padre spirital!
En sus tierras somos   e fémosles todo mal,
bevemos so vino   e comemos el so pan; [23v]
si nos cercar vienen,   con derecho lo fazen.
A menos de lid   aquesto no·s' partirá;
vayan los mandados   por los que nos deven ayudar,
los unos a Xérica   e los otros a Alucad,
desí a Onda   e los otros a Almenar,
los de Borriana   luego vengan acá.
Conpeçaremos   aquesta lid campal,
yo fío por Dios   que en nuestro pro eñadrán.—
Al tercer día   todos juntados son,
el que en buen ora nasco   compeçó de fablar:
—¡Oíd, mesnadas,   sí el Criador vos salve!
Después que nos partiemos   de la linpia cristiandad
(non fue a nuestro grado   ni nós non pudiemos más),
grado a Dios,   lo nuestro fue adelant.
Los de Valencia   cercados nos han,
si en estas tierras   quisiéremos durar,
firmemientre   son éstos a escarmentar.

67

Passe la noche   e venga la mañana,
aparejados me sed   a cavallos e armas;
iremos ver   aquella su almofalla.
Commo omnes exidos   a tierra estraña,

allí pareçrá   el que merece la soldada.—

68

Oíd qué dixo   Minaya Álbar Fáñez:
—Campeador,   fagamos lo que a vós plaze.
A mí dedes ciento cavalleros,   que non vos pido más,
vós con los otros   firádeslos delant,
bien los ferredes,   que dubda non ý avrá; [24r]
yo con los ciento   entraré del otra part,
commo fío por Dios,   el campo nuestro será.—
Commo ge lo á dicho   al Campeador mucho plaze.
Mañana era   e piénsanse de armar,
quis cada uno d'ellos   bien sabe lo que ha de far;
con los alvores   mio Cid ferirlos va:
—¡En el nombre del Criador   e del apóstol Santi Yagüe,
feridlos, cavalleros,   d'amor e de grand voluntad,
ca yo só Ruy Díaz,   mio Cid el de Bivar!—
Tanta cuerda de tienda   ý veriedes quebrar,
arrancarse las estacas   e acostarse los tendales.
Moros son muchos,   ya quieren reconbrar;
del otra part   entróles Álbar Fáñez,
maguer les pesa, oviéronse   a dar e a arrancar
de pies de cavallo   los que·s' pudieron escapar.
¡Grand es el gozo   que va por es logar!
Dos reyes de moros   mataron en es alcaz,
fata Valencia   duró el segudar.
Grandes son las ganancias   que mio Cid fechas ha,
prisieron Cebolla   e cuanto que es ý adelant;

robavan el campo   e piénsanse de tornar,
entravan a Murviedro   con estas ganancias que traen grandes.
Las nuevas de mio Cid,   sabet, sonando van;
miedo an en Valencia,   que non saben qué se far. [24v]
Sonando van sus nuevas   allent parte del mar.

69

Alegre era el Cid   e todas sus compañas,
que Dios le ayudara   e fiziera esta arrancada.
Davan sus corredores   e fazién las trasnochadas,
llegan a Gujera   e llegan a Xátiva,
aún más ayusso,   a Deyna la casa;
cabo del mar, tierra de moros   firme la quebranta,
ganaron Peña Cadiella,   las exidas e las entradas.

70

Cuando el Cid Campeador   ovo Peña Cadiella,
mal les pesa en Xátiva   e dentro en Gujera,
non es con recabdo   el dolor de Valencia.

71

En tierra de moros,   prendiendo e ganando,
e durmiendo los días   e las noches trasnochando,
en ganar aquellas villas   mio Cid duró tres años.

72

A los de Valencia   escarmentados los han,
non osan fueras exir   nin con él se ayuntar.
Tajávales las huertas   e fazíales grand mal,
en cada uno d'estos años   mio Cid les tollió el pan.
Mal se aquexan los de Valencia,   que non sabent qué·s' far,
de ninguna part que sea   non les vinié pan.
Nin da consejo padre a fijo   nin fijo a padre,
nin amigo a amigo   no·s' pueden consolar.
¡Mala cueta es, señores,   aver mingua de pan,
fijos e mugieres   verlos murir de fanbre!
Delante veyén so duelo,   non se pueden huviar, [25r]
por el rey de Marruecos   ovieron a enbiar;
con el de los Montes Claros   avié guerra tan grand,
non les dixo consejo   nin los vino huviar.
Sópolo mio Cid,   de coraçón le plaz;
salió de Murviedro   una noche en trasnochada,
amaneció a mio Cid   en tierras de Monreal.
Por Aragón e por Navarra   pregón mandó echar,
a tierras de Castiella   enbió sus mensajes:
quien quiere perder cueta   e venir a ritad,
viniesse a mio Cid,   que á sabor de cavalgar,
cercar quiere a Valencia   por a cristianos la dar.

73

—Quien quiere ir comigo   cercar a Valencia
(todos vengan de grado,   ninguno non ha premia),
tres días le speraré   en Canal de Celfa.—

73 B

Esto dixo mio Cid,   el que en buen ora nasco,
tornávas' a Murviedro,   ca él se la á ganado.

74

Andidieron los pregones,   sabet, a todas partes;
al sabor de la ganancia   non lo quieren detardar,
grandes yentes se le acojen   de la buena cristiandad.
Creciendo va en riqueza   mio Cid el de Bivar;
cuando vio mio Cid las gentes juntadas,   conpeçós' de pagar.
Mio Cid don Rodrigo   non lo quiso detardar,
adeliñó pora Valencia   e sobr'ella·s' va echar,
bien la cerca mio Cid,   que non ý avía art;
viédales exir   e viédales entrar.
Sonando van sus nuevas   todas a todas partes; [25v]
más le vienen a mio Cid,   sabet, que no·s' le van.
Metióla en plazo,   si les viniessen huviar.
Nueve meses complidos,   sabet, sobr'ella yaz,
cuando vino el dezeno   oviérongela a dar.
Grandes son los gozos   que van por es logar,
cuando mio Cid gañó a Valencia   e entró en la cibdad.
Los que fueron de pie   cavalleros se fazen;
el oro e la plata   ¿quién vos lo podrié contar?
Todos eran ricos   cuantos que allí ha.
Mio Cid don Rodrigo   la quinta mandó tomar,
en el aver monedado   treinta mill marcos le caen,
e los otros averes   ¿quién los podrié contar?

Alegre era el Campeador   con todos los que ha,
cuando su seña cabdal   sedié en somo del alcácer.

75

Ya folgava mio Cid   con todas sus conpañas;
a aquel rey de Sevilla   el mandado llegava
que presa es Valencia,   que no ge la enparan.
Vínolos ver   con treinta mill de armas,
aprés de la huerta   ovieron la batalla;
arrancólos mio Cid   el de la luenga barba,
fata dentro en Xátiva   duró el arrancada.
En el passar de Xúcar   ý veriedes barata,
moros en aruenço   amidos bever agua.
Aquel rey de Sevilla   con tres colpes escapa.
Tornado es mio Cid   con toda esta ganancia,
buena fue la de Valencia   cuando ganaron la casa,
más mucho fue provechosa,   sabet, esta arrancada; [26r]
a todos los menores   cayeron ciento marcos de plata.
¡Las nuevas del cavallero   ya vedes dó llegavan!

76

Grand alegría es   entre todos essos cristianos
con mio Cid Ruy Díaz,   el que en buen ora nasco.
Ya·l' crece la barba   e vale allongando;
dixo mio Cid   de la su boca atanto:
—Por amor del rey Alfonso,   que de tierra me á echado,—

nin entrarié en ella tigera   ni un pelo non avrié tajado,
e que fablassen d'esto   moros e cristianos.
Mio Cid don Rodrigo   en Valencia está folgando,
con él Minaya Álbar Fáñez,   que no·s' le parte de so braço.
Los que exieron de tierra   de ritad son abondados;
a todos les dio en Valencia   el que en buen ora nasco
casas e heredades   de que son pagados; 1246b
el amor de mio Cid   ya lo ivan provando.
Los que fueron con él   e los de después todos son pagados.
Véelo mio Cid,   que con los averes que avién tomados,
que si·s' pudiessen ir,   ferlo ien de grado.
Esto mandó mio Cid,   Minaya lo ovo consejado:
que ningún omne   de los sos vassallos
que·s' le non spidiés   o no·l' besás la mano, 1252b
si·l' pudiessen prender   o fuesse alcançado,
tomássenle el aver   e pusiéssenle en un palo.
Afevos todo aquesto   puesto en buen recabdo,
con Minaya Álbar Fáñez   él se va consejando:
—Si vós quisiéredes, Minaya,   quiero saber recabdo [26v]
de los que son aquí   e comigo ganaron algo.
Meterlos he en escripto   e todos sean contados,
que si alguno·s' furtare   o menos le fallaren,
el aver me avrá a tornar   a aquestos mios vassallos 1260b
que curian a Valencia   e andan arrobdando.—
Allí dixo Minaya: —Consejo es aguisado.—

77

Mandólos venir a la cort   e a todos los juntar;
cuando los falló por cuenta,   fízolos nonbrar:
tres mill e seiscientos avié   mio Cid el de Bivar,
alégras'le el coraçón   e tornós' a sonrisar:
—¡Grado a Dios, Minaya,   e a Santa María madre,
con más pocos ixiemos   de la casa de Bivar!
Agora avemos riqueza,   más avremos adelant.
Si a vós pluguiere, Minaya,   e non vos caya en pesar,
enbiarvos quiero a Castiella,   do avemos heredades,
al rey Alfonso,   mio señor natural;
d'estas mis ganancias   que avemos fechas acá
darle quiero ciento cavallos   e vós ídgelos levar.
Desí, por mí besalde la mano   e firme ge lo rogad
por mi mugier   e mis fijas, las ifantes,
si fuere su merced,   que·m' las dexe sacar;
enbiaré por ellas,   e vós sabed el mensage:
la mugier de mio Cid   e sus fijas las ifantes,
de guisa irán por ellas   que a grand ondra vernán
a estas tierras estrañas   que nós pudiemos ganar.—
Essora dixo Minaya: —De buena voluntad.—
Pues esto an fablado,   piénsanse de adobar;   [27r]
ciento omnes le dio   mio Cid a Álbar Fáñez
por servirle en la carrera   [..................],
e mandó mill marcos de plata   a San Pero levar,

78

e que los diesse al abbat don Sancho.
En estas nuevas todos se alegrando,
de parte de orient vino un coronado,
el obispo don Jerónimo so nombre es llamado,
bien entendido es de letras e mucho acordado,
de pie e de cavallo mucho era arreziado.
Las provezas de mio Cid andávalas demandando,
sospirando el obispo que·s' viesse con moros en el campo,
que si·s' fartás lidiando e firiendo con sus manos,
a los días del sieglo non le llorassen cristianos.
Cuando lo oyó mio Cid, de aquesto fue pagado:
—¡Oíd, Minaya Álbar Fáñez, por aquel que está en alto:
cuando Dios prestarnos quiere, nos bien ge lo gradescamos!
En tierras de Valencia fer quiero obispado
e dárgelo a este buen cristiano.
Vós, cuando ides a Castiella, levaredes buenos mandados.—

79

Plogo a Álbar Fáñez de lo que dixo don Rodrigo.
A este don Jerónimo ya l'otorgan por obispo,
diéronle en Valencia o bien puede estar rico.
¡Dios, qué alegre era todo cristianismo,
que en tierras de Valencia señor avié obispo!
Alegre fue Minaya e spidiós' e vínos'.

80

Tierras de Valencia   remanidas en paz,
adeliñó pora Castiella   Minaya Álbar Fáñez; [27v]
dexarévos las posadas,   non las quiero contar.
Demandó por Alfonso,   dó lo podrié fallar;
fuera el rey a San Fagunt   aún poco ha,
tornós' a Carrión,   ý lo podrié fallar.
Alegre fue de aquesto   Minaya Álbar Fáñez,
con esta presentaja   adeliñó pora allá.

81–82

De missa era exido   essora el rey Alfonso,
afé Minaya Álbar Fáñez,   dó llega tan apuesto;
fincó los inojos   ante tod el pueblo,
a los pies del rey Alfonso   cayó con grand duelo,
besávale las manos   e fabló tan apuesto:
—¡Merced, señor Alfonso,   por amor del Criador!
Besávavos las manos   mio Cid lidiador,
los pies e las manos,   commo a tan buen señor,
que l'ayades merced,   sí vos vala el Criador.
Echástesle de tierra,   non ha la vuestra amor;
maguer en tierra agena,   él bien faze lo so:
ganada á a Xérica   e a Onda por nombre,
priso a Almenar   e a Murviedro, que es miyor,
assí fizo Cebolla   e adelant Castejón
e Peña Cadiella,   que es una peña fuert;
con aquestas todas   de Valencia es señor.

Obispo fizo de su mano   el buen Campeador
e fizo cinco lides campales   e todas las arrancó. [28r]
Grandes son las ganancias   que·l' dio el Criador,
fevos aquí las señas,   verdad vos digo yo:
cient cavallos   gruessos e corredores,
de siellas e de frenos   todos guarnidos son,
bésavos las manos   que los prendades vós;
razónas' por vuestro vassallo   e a vós tiene por señor.—
Alçó la mano diestra,   el rey se santigó:
—De tan fieras ganancias   commo á fechas el Campeador,
sí me vala Sant Esidro,   plazme de coraçón
e plázem' de las nuevas   que faze el Campeador;
recibo estos cavallos   que m'enbía de don.—
Maguer plogo al rey   mucho pesó a Garcí Ordóñez:
—¡Semeja que en tierra de moros   non á bivo omne
cuando assí faze a su guisa   el Cid Campeador!—
Dixo el rey al conde: —¡Dexad essa razón,
que en todas guisas   mijor me sirve que vós!—
Fablava Minaya ý   a guisa de varón:
—Merced vos pide el Cid,   si vos cayesse en sabor,
por su mugier doña Ximena   e sus fijas amas a dos,
saldrién del monesterio   do elle las dexó
e irién pora Valencia   al buen Campeador.—
Essora dixo el rey: —Plazme de coraçón;
yo les mandaré dar conducho   mientra que por mi tierra fueren,
de fonta e de mal curiallas,   e de desonor; [28v]
cuando en cabo de mi tierra   aquestas dueñas fueren
catad cómmo las sirvades   vós e el Campeador.
¡Oídme, escuelas   e toda la mi cort!
Non quiero que nada   pierda el Campeador:

a todas las escuelas   que a él dizen señor
porque los deseredé,   todo ge lo suelto yo;
sírvanles sus herdades   do fuere el Campeador,
atrégoles los cuerpos   de mal e de ocasión,
por tal fago aquesto   que sirvan a so señor.—
Minaya Álbar Fáñez   las manos le besó,
sonrisós' el rey,   tan vellido fabló:
—Los que quisieren ir   servir al Campeador
de mí sean quitos e vayan   a la gracia del Criador;
más ganaremos en esto   que en otra desonor.—
Aquí entraron en fabla   los ifantes de Carrión:
—Mucho crecen las nuevas   de mio Cid el Campeador,
bien casariemos con sus fijas   pora huebos de pro.
Non la osariemos acometer   nós esta razón,
mio Cid es de Bivar   e nós de los condes de Carrión.—
Non lo dizen a nadi   e fincó esta razón.
Minaya Álbar Fáñez   al buen rey se espidió.
—¡Ya vos ides Minaya,   id a la gracia del Criador!
Levedes un portero,   tengo que vos avrá pro;
si leváredes las dueñas,   sírvanlas a su sabor,
fata dentro en Medina   denles cuanto huebos les fuer,   [29r]
desí adelant piense   d'ellas el Campeador.—
Espidiós' Minaya   e vasse de la cort.

83

Los ifantes de Carrión   [..................]
dando ivan conpaña   a Minaya Álbar Fáñez:
—En todo sodes pro,   en esto assí lo fagades:

saludadnos a mio Cid el de Bivar,
somos en so pro cuanto lo podemos far,
el Cid que bien nos quiera nada non perderá.—
Respuso Minaya: —Esto non me á por qué pesar.—
Ido es Minaya, tórnanse los ifantes;
adeliñó pora San Pero, o las dueñas están,
¡tan grand fue el gozo cuando·l' vieron assomar!
Decido es Minaya, a San Pero va rogar,
cuando acabó la oración a las dueñas se va tornar:
—Omíllom', doña Ximena, Dios vos curie de mal,
assí faga a vuestras fijas las ifantes.
Salúdavos mio Cid allá onde elle está;
sano lo dexé e con tan grand rictad.
El rey por su merced sueltas me vos ha
por levaros a Valencia, que avemos por heredad;
si vos viesse el Cid sanas e sin mal,
todo serié alegre, que non avrié ningún pesar.—
Dixo doña Ximena: —El Criador lo mande.—
Dio tres cavalleros Minaya Álbar Fáñez,
enviólos a mio Cid a Valencia, do está:
—Dezid al Canpeador, que Dios le curie de mal,
que su mugier e sus fijas el rey sueltas me las ha, [29v]
mientra que fuéremos por sus tierras conducho nos mandó dar;
de aquestos quinze días, si Dios nos curiare de mal,
seremos ý yo e su mugier e sus fijas que él á
y todas las dueñas con ellas, cuantas buenas ellas han.—
Idos son los cavalleros e d'ello pensarán,
remaneció en San Pero Minaya Álbar Fáñez.
Veriedes cavalleros venir de todas partes,
irse quieren a Valencia a mio Cid el de Bivar;

que les toviesse pro   rogavan a Álbar Fáñez.
Diziendo está Mianaya: —Esto feré de veluntad.—
A Minaya sessaenta e cinco   cavalleros acrecido·l' han
e él se tenié ciento   que aduxera d'allá;
por ir con estas dueñas   buena conpaña se faze.
Los quinientos marcos   dio Minaya al abbat,
de los otros quinientos   dezirvos he qué faze:
Minaya a doña Ximina   e a sus fijas que ha
e a las otras dueñas   que las sirven delant,
el bueno de Minaya   pensólas de adobar
de los mejores guarnimientos   que en Burgos pudo fallar,
palafrés e mulas,   que non parescan mal.
Cuando estas dueñas   adobadas las ha,
el bueno de Minaya   pensar quiere de cavalgar;
afevos Rachel e Vidas   a los pies le caen:
—¡Merced, Minaya,   cavallero de prestar! [30r]
¡Desfechos nos ha el Cid,   sabet, si no nos val!
Soltariemos la ganancia,   que nos diesse el cabdal.—
—Yo lo veré con el Cid   si Dios me lieva allá;
por lo que avedes fecho   buen cosiment ý avrá.—
Dixo Rachel e Vidas: —¡El Criador lo mande!
Si non, dexaremos Burgos,   irlo hemos buscar.—
Ido es pora San Pero   Minaya Álbar Fáñez,
muchas yentes se le acogen,   pensó de cavalgar,
grand duelo es   al partir del abbat:
—¡Sí vos vala el Criador,   Minaya Álbar Fáñez!
Por mí al Campeador   las manos le besad
aqueste monesterio   no lo quiera olbidar,
todos los días del sieglo   en levarlo adelant
el Cid   siempre valdrá más.—

Respuso Minaya: —Ferlo he de veluntad.—
Ya s'espiden   e piensan de cavalgar,
el portero con ellos   que los ha de aguardar;
por la tierra del rey   mucho conducho les dan.
De San Pero fasta Medina   en cinco días van,
felos en Medina   las dueñas e Álbar Fáñez.
Dirévos de los cavalleros   que levaron el mensaje:
al ora que lo sopo   mio Cid el de Bivar,
plógol' de coraçón   e tornós' a alegrar,
de la su boca   compeçó de fablar:
—¡Qui buen mandadero enbía   tal deve sperar!
Tú, Muño Gustioz,   e Pero Vermúez delant [30v]
e Martín Antolínez,   un burgalés leal,
e el obispo don Jerónimo,   coronado de prestar,
cavalguedes con ciento   guisados pora huebos de lidiar.
Por Santa María   vós vayades passar,
vayades a Molina,   que yaze más adelant,
tiénela Avengalvón,   mio amigo es de paz,
con otros ciento cavalleros   bien vos consigrá.
Id pora Medina   cuanto lo pudiéredes far,
mi mugier e mis fijas   con Minaya Álbar Fáñez
así commo a mí dixieron   ý los podredes fallar;
con grand ondra   aduzídmelas delant.
E yo fincaré en Valencia,   que mucho costado·m' ha,
grand locura serié   si la desenparás;
yo fincaré en Valencia,   ca la tengo por heredad.—
Esto era dicho,   piensan de cavalgar
e cuanto que pueden   non fincan de andar,
trocieron a Santa María   e vinieron albergar a Fronchales
e el otro día vinieron   a Molina posar.

El moro Avengalvón,   cuando sopo el mensaje,
saliólos recebir   con grant gozo que faze:
—¡Venides, los vassallos   de mio amigo natural!
A mí non me pesa,   sabet, mucho me plaze.—
Fabló Muño Gustioz,   non speró a nadi:
—Mio Cid vos saludava   e mandólo recabdar
con ciento cavalleros   que privado l'acorrades;
su mugier e sus fijas   en Medina están,
que vayades por ellas,   adugádesgelas acá [31r]
e fata en Valencia   d'ellas non vos partades.—
Dixo Avengalvón   —Ferlo he de veluntad.—
Essa noch   conducho les dio grand,
a la mañana   piensan de cavalgar;
ciento·l' pidieron,   mas él con dozientos va.
Passan las montañas,   que son fieras e grandes,
passaron   Mata de Toranz
de tal guisa   que ningún miedo non han,
por el val de Arbuxuelo   piensan a deprunar.
E en Medina   todo el recabdo está,
envió dos cavalleros Minaya   que sopiessen la verdad,
esto non detardan,   ca de coraçón lo han;
el uno fincó con ellos   e el otro tornó a Álbar Fáñez:
—Virtos del Campeador   a nós vienen buscar,
afevos aquí   Pero Vermúez delant
e Muño Gustioz,   que vos quieren sin art,
e Martín Antolínez,   el burgalés natural,
e el obispo don Jerónimo,   coranado leal,
e el alcáyaz Avengalvón   con sus fuerças que trae
por sabor de mio Cid,   de grand ondra·l' dar;
todos vienen en uno,   agora llegarán.—

Essora dixo Minaya: —¡Vaimos cavalgar!—
Esso fue apriessa fecho,   que no·s' quieren detardar,
bien salieron den ciento   que non parecen mal,
en buenos cavallos   a cuberturas de cendales
e a petrales a cascaveles;   e escudos a los cuellos traen
e en las manos lanças   que pendones traen,
que sopiessen los otros   de qué seso era Álbar Fáñez
o cuémo saliera de Castiella   con estas dueñas que trae. [31v]
Los que ivan mesurando   e llegando delant
luego toman armas   e tómanse a deportar,
por cerca de Salón   tan grandes gozos van.
Don llegan los otros,   a Minaya se van homillar;
cuando llegó Avengalvón,   dont a ojo lo ha,
sonrisándose de la boca   ívalo a abraçar,
en el ombro lo saluda,   ca tal es su usaje:
—¡Tan buen día convusco,   Minaya Álbar Fáñez!
Traedes estas dueñas   por o valdremos más,
mugier del Cid lidiador   e sus fijas naturales;
ondrarvos hemos todos,   ca tal es la su auze,
maguer que mal le queramos   non ge lo podremos far,
en paz o en guerra   de lo nuestro abrá,
¡mucho·l' tengo por torpe   qui non conosce la verdad!—
Sonrisós' de la boca   Minaya Álbar Fáñez:

84

—¡Ya Avengalvón,   amigo·l' sodes sin falla!
Si Dios me llegare al Cid   e lo vea con el alma,
d'esto que avedes fecho   vós non perderedes nada.

Vayamos posar,   ca la cena es adobada.
Dixo Avengalvón: —¡Plazme d'esta presentaja!
Antes d'este tercer día   vos la daré doblada.—
Entraron en Medina,   sirvíalos Minaya,
todos fueron alegres   del cervicio que tomaran,
el portero del rey   quitarlo mandava;
ondrado es mio Cid   en Valencia do estava [32r]
de tan grand conducho   commo en Medina·l' sacaran;
el rey lo pagó todo   e quito se va Minaya.
Passada es la noche,   venida es la mañana,
oída es la missa   e luego cavalgavan,
salieron de Medina   e Salón passavan,
Arbuxuelo arriba   privado aguijavan,
el campo de Torancio   luego l'atravessavan,
vinieron a Molina,   la que Avengalvón mandava.
El obispo don Jerónimo,   buen cristiano sin falla,
las noches e los días   las dueñas aguarda,
e buen cavallo en diestro   que va ante sus armas;
entre él e Álbar Fáñez   ivan a una compaña.
Entrados son a Molina,   buena e rica casa;
el moro Avengalvón   bien los sirvié sin falla,
de cuanto que quisieron   non ovieron falla,
aun las ferraduras   quitárgelas mandava.
¡A Minaya e a las dueñas,   Dios, cómmo las ondrava!
Otro día mañana   luego cavalgavan,
fata en Valencia   sirvíalos sin falla,
lo so despendié el moro,   que d'ellos non tomava nada.
Con estas alegrías   e nuevas tan ondradas,
aprés son de Valencia,   a tres leguas contadas.

85

A mio Cid,   el que en buen ora nasco,
dentro a Valencia   liévanle el mandado.
Alegre fue mio Cid,   que nuncua más nin tanto,
ca de lo que más amava   ya·l' viene el mandado. [32v]
Dozientos cavalleros   mandó exir privado,
que reciban a Mianaya   e a las dueñas fijasdalgo.
Él sedié en Valencia   curiando e guardando,
ca bien sabe que Álbar Fáñez   trae todo recabdo.

86

Afevos todos aquestos   reciben a Minaya
e a las dueñas e a las niñas   e a las otras conpañas.
Mandó mio Cid   a los que ha en su casa
que guardassen el alcáçar   e las otras torres altas
e todas las puertas   e las exidas e las entradas,
e aduxiéssenle a Bavieca   (poco avié que·l' ganara,
aún no sabié mio Cid,   el que en buen ora cinxo espada,
si serié corredor   o si abrié buena parada).
A la puerta de Valencia,   do fuesse en so salvo,
delante su mugier e de sus fijas   querié tener las armas.
Recebidas las dueñas   a una grant ondrança,
el obispo don Jerónimo   adelant se entrava,
ý dexava el cavallo,   pora la capiella adeliñava.
Con cuantos que él puede   que con oras se acordaran,
sobrepelliças vestidas   e con cruces de plata,
recibir salién las dueñas   e al bueno de Minaya.

El que en buen ora nasco   non lo detardava,
vistiós' el sobregonel,   luenga trae la barba; 1587
ensiéllanle a Bavieca,   cuberturas le echavan, 1585
mio Cid salio sobr'él   e armas de fuste tomava.
Por nombre el cavallo   Bavieca cavalga, 1589
fizo una corrida,   ¡ésta fue tan estraña! [33r] 1588
Cuando ovo corrido   todos se maravillavan,
d'es día se preció Bavieca   en cuant grant fue España.
En el cabo del cosso   mio Cid descavalgava,
adeliñó a su mugier   e a sus fijas amas;
cuando lo vio doña Ximena   a pies se le echava:
—¡Merced, Campeador,   en buen ora cinxiestes espada,
sacada me avedes   de muchas vergüenças malas!
Afeme aquí, señor,   yo e vuestras fijas amas,
con Dios e convusco   buenas son e criadas.—
A la madre e a las fijas   bien las abraçava,
del gozo que avién   de los sos ojos lloravan.
Todas las sus mesnadas   en grant deleit estavan,
armas tenién   e tablados quebrantavan.
Oíd lo que dixo   el que en buen ora cinxo espada:
—Vós, mugier   querida e ondrada,
e amas mis fijas,   mi coraçón e mi alma,
entrad comigo   en Valencia la casa,
en esta heredad   que vos yo he ganada.—
Madre e fijas   las manos le besavan,
a tan grand ondra   ellas a Valencia entravan.

Adeliñó mio Cid   con ellas al alcácer,
allá las subié   en el más alto logar.
Ojos vellidos   catan a todas partes,
miran Valencia,   cómmo yaze la cibdad, [33v]
e del otra parte   a ojo han el mar,
miran la huerta,   espessa es e grand;
alçan las manos   por a Dios rogar
d'esta ganancia,   commo es buena e grand.
Mio Cid e sus compañas   tan a grand sabor están.
El ivierno es exido,   que el março quiere entrar.
Dezirvos quiero nuevas   de allent partes del mar,
de aquel rey Yúcef   que en Marruecos está.

88

Pesól' al rey de Marruecos   de mio Cid don Rodrigo:
—Que en mis heredades   fuertemientre es metido
e él non ge lo gradece   sinon a Jesucristo.—
Aquel rey de Marruecos   ajuntava sus virtos,
con cincuaenta vezes mill de armas   todos fueron conplidos,
entraron sobre mar,   en las barcas son metidos,
van buscar a Valencia,   a mio Cid don Rodrigo;
arribado an las naves,   fuera eran exidos.

89

Llegaron a Valencia,   la que mio Cid a conquista,
fincaron las tiendas e posan   las yentes descreídas.

Estas nuevas a mio Cid eran venidas.

90

—¡Grado al Criador e al Padre espirital,
todo el bien que yo he todo lo tengo delant!
Con afán gané a Valencia e éla por heredad,
a menos de muert no la puedo dexar.
¡Grado al Criador e a Santa María madre,
mis fijas e mi mugier, que las tengo acá! [34r]
Venido m'es delicio de tierras d'allent mar,
entraré en las armas, non lo podré dexar;
mis fijas e mi mugier verme an lidiar,
en estas tierras agenas verán las moradas cómmo se fazen,
afarto verán por los ojos cómmo se gana el pan.—
Su mugier e sus fijas subiólas al alcácer,
alçavan los ojos, tiendas vieron fincar:
—¿Qué's esto, Cid, sí el Criador vos salve?—
—¡Ya mugier ondrada, non ayades pesar!
Riqueza es que nos acrece maravillosa e grand;
á poco que viniestes, presend vos quieren dar,
por casar son vuestras fijas, adúzenvos axuvar.—
—A vós grado, Cid, e al Padre spirital.—
—Mugier, sed en este palacio e, si quisiéredes, en el alcácer;
non ayades pavor porque me veades lidiar:
con la merced de Dios e de Santa María madre,
crécem' el coraçón porque estades delant.
¡Con Dios aquesta lid yo la he de arrancar!—

91

Fincadas son las tiendas   e parecen los alvores,
a una grand priessa   tañién los atamores.
Alegrávas' mio Cid e dixo: —¡Tan buen día es oy!—
Miedo á su mugier e quiérel'   quebrar el coraçón,
assí fazié a las dueñas   e a sus fijas amas a dos,
del día que nasquieran   non vieran tal tremor.
Prísos' a la barba   el buen Cid Campeador:
—Non ayades miedo,   ca todo es vuestra pro. [34v]
Antes d'estos quinze días,   si ploguiere al Criador,
[.................]   aquellos atamores
a vós los pondrán delant   e veredes cuáles son, 1666b
desí an a ser   del obispo don Jerónimo,
colgarlos han en Santa María,   madre del Criador.—
Vocación es que fizo   el Cid Campeador.
Alegres son las dueñas,   perdiendo van el pavor.
Los moros de Marruecos   cavalgan a vigor,
por las huertas adentro   entran sines pavor.

92

Violo el atalaya   e tanxo el esquila,
prestas son las mesnadas   de las yentes cristianas,
adóbanse de coraçón   e dan salto de la villa;
do·s' fallan con los moros   cometiénlos tan aína,
sácanlos de las huertas   mucho a fea guisa,
quinientos mataron d'ellos   conplidos en es día.

93

Bien fata las tiendas   dura aqueste alcaz,
mucho avién fecho,   piénsanse de tornar;
Álbar Salvadórez   preso fincó allá.
Tornados son a mio Cid   los que comién so pan,
él se lo vio con los ojos,   cuéntangelo delant;
alegre es mio Cid   por cuanto fecho han:
—¡Oídme, cavalleros, non rastará por ál:
oy es día bueno   e mejor será cras!
Por la mañana prieta   todos armados seades,
el obispo don Jerónimo   soltura nos dará, 1689
dezirnos ha la missa   e pensad de cavalgar. 1688
Irlos hemos ferir   en aquel día de cras [35r]
en el nombre del Criador   e del apóstol Santi Yagüe. 1690b
¡Más vale que nós los yezcamos   que ellos cojan el pan!—
Essora dixieron todos: —¡D'amor e de voluntad!—
Fablava Minaya,   non lo quiso detardar:
—Pues esso queredes, Cid,   a mí mandedes ál:
dadme ciento e treinta cavalleros   pora huebos de lidiar,
cuando vós los fuéredes ferir,   entraré yo del otra part;
o de amas o del una   Dios nos valdrá.—
Essora dixo el Cid: —De buena voluntad.—

94

Es día es salido   e la noch es entrada,
no·s' detardan de adobasse   essas yentes cristianas.
A los mediados gallos,   antes de la mañana,

el obispo don Jerónimo la missa les cantava;
la missa dicha, grant sultura les dava:
—El que aqui muriere lidiando de cara,
préndol' yo los pecados e Dios le abrá el alma.
A vós, Cid don Rodrigo, en buen ora cinxiestes espada,
yo vos canté la missa por aquesta mañana;
pídovos una dona e séam' presentada:
las feridas primeras que las aya yo otorgadas.—
Dixo el Campeador —Des aqui vos sean mandadas.—

95

Por las torres de Valencia salidos son todos armados,
mio Cid a los sos vassallos tan bien los acordando;
dexan a las puertas omnes de grant recabdo.
Dio salto mio Cid en Bavieca, el so cavallo,
de todas guarnizones muy bien es adobado.
La seña sacan fuera, de Valencia dieron salto, [35v]
cuatro mill menos treinta con mio Cid van a cabo,
a los cincuaenta mill vanlos ferir de grado;
Álvar Álvarez e Álbar Fáñez entráronles del otro cabo.
Plogo al Criador e ovieron de arrancarlos.
Mio Cid enpleó la lança, al espada metió mano,
atantos mata de moros que non fueron contados,
por el cobdo ayuso la sangre destellando.
Al rey Yúcef tres colpes le ovo dados,
saliós'le de so l'espada, ca mucho l'andido el cavallo,
metiós'le en Gujera, un castiello palaciano.
Mio Cid el de Bivar fasta allí llegó en alcanço

con otros que·l' consiguen   de sus buenos vassallos.
Desd'allí se tornó   el que en buen ora nasco,
mucho era alegre   de lo que han caçado;
allí preció a Bavieca   de la cabeça fasta a cabo.
Toda esta ganancia   en su mano á rastado.
Los cincuaenta mill   por cuenta fueron notados,
non escaparon   más de ciento e cuatro.
Mesnadas de mio Cid   robado an el canpo,
entre oro e plata   fallaron tres mill marcos,
de las otras ganancias   non avía recabdo.
Alegre era mio Cid   e todos sos vassallos,
que Dios le ovo merced   que vencieron el canpo.
Cuando al rey de Marruecos   assí lo han arrancado,
dexó a Álbar Fáñez   por saber todo recabdo; [36r]
con ciento cavalleros   a Valencia es entrado,
fronzida trae la cara,   que era desarmado;
assí entró sobre Bavieca,   el espada en la mano.
Recibiénlo las dueñas,   que lo están esperando.
Mio Cid fincó ant'ellas,   tovo la rienda al cavallo:
—A vós me omillo, dueñas,   grant prez vos he gañado;
vós teniendo Valencia   e yo vencí el campo.
Esto Dios se lo quiso   con todos los sos santos,
cuando en vuestra venida   tal ganancia nos an dado.
¿Vedes el espada sangrienta   e sudiento el cavallo?
Con tal cum esto   se vencen moros del campo.
Rogad al Criador   que vos biva algunt año,
entraredes en prez   e besarán vuestras manos.—
Esto dixo mio Cid   diciendo del cavallo.
Cuando·l' vieron de pie,   que era descavalgado,
las dueñas e las fijas   e la mugier, que vale algo,

delant el Campeador   los inojos fincaron:
—¡Somos en vuestra merced   e bivades muchos años!—
En buelta con él   entraron al palacio
e ivan posar con él   en unos preciosos escaños:
—Ya mugier doña Ximena,   ¿no·m' lo aviedes rogado?
Estas dueñas que aduxiestes,   que vos sirven tanto,
quiérolas casar   con de aquestos mios vassallos;
a cada una d'ellas   doles dozientos marcos,
que lo sepan en Castiella   a quién sirvieron tanto.
Lo de vuestras fijas   venirse á más por espacio.— [36v]
Levantáronse todas   e besáronle las manos.
Grant fue el alegría   que fue por el palacio;
commo lo dixo el Cid,   assí lo han acabado.
Minaya Álbar Fáñez   fuera era en el campo
con todas estas yentes   escriviendo e contando.
Entre tiendas e armas   e vestidos preciados,
tanto fallan d'esto   que es mucho sobejano.
Quiérovos dezir   lo que es más granado:
non pudieron ellos saber la cuenta   de todos los cavallos
que andan arriados   e non ha qui tomallos;
los moros de las tierras   ganado se an ý algo.
Maguer de todo esto,   el Campeador contado
de los buenos e otorgados cayéronle   mill e quinientos cavallos;
cuando a mio Cid   cayeron tantos,
los otros   bien pueden fincar pagados.
¡Tanta tienda preciada   e tanto tendal obrado
que á ganado mio Cid   con todos sus vassallos!
La tienda del rey de Marruecos,   que de las otras es cabo,
dos tendales la sufren   con oro son labrados;
mandó mio Cid Ruy Díaz,   que en buen hora nasco,

que fita soviesse la tienda   e non la tolliesse dent cristiano:
—Tal tienda commo ésta,   que de Marruecos á passado,
enbiarla quiero   a Alfonso el castellano,—
que croviesse sos nuevas   de mio Cid, que avié algo.
Con aquestas riquezas tantas   a Valencia son entrados.
El obispo don Jerónimo,   caboso coronado,
cuando es farto de lidiar   con amas las sus manos,
non tiene en cuenta   los moros que ha matados. [37r]
Lo que cayé a él   mucho era sobejano;
mio Cid don Rodrigo,   el que en buen ora nasco,
de toda la su quinta   el diezmo l'á mandado.

96

Alegres son por Valencia   las yentes cristianas,
¡tantos avién de averes,   de cavallos e de armas!
Alegre es doña Ximena   e sus fijas amas
e todas las otras dueñas   que·s' tienen por casadas.
El bueno de mio Cid   non lo tardó por nada:
—¿Dó sodes, caboso?   ¡Venid acá, Minaya!
De lo que a vós cayó   vós non gradecedes nada;
d'esta mi quinta   (dígovos sin falla)
prended lo que quisiéredes,   lo otro remanga;
e cras a la mañana   irvos hedes sin falla
con cavallos d'esta quinta   que yo he ganada,
con siellas e con frenos   e con señas espadas;
por amor de mi mugier   e de mis fijas amas,
porque assí las enbío   dond'ellas son pagadas,
estos dozientos cavallos   irán en presentajas,

que non diga mal el rey Alfonso   del que Valencia manda.—
Mandó a Pero Vermúez   que fuesse con Minaya.
Otro día mañana   privado cavalgavan
e dozientos omnes   lievan en su conpaña,
con saludes del Cid,   que las manos le besava,
d'esta lid   que ha arrancada
dozientos cavallos   le enbiava en presentaja: 1819b
—E servirlo he sienpre   mientra que ovisse el alma.—

97

Salidos son de Valencia   e piensan de andar, [37v]
tales ganancias traen   que son a aguardar.
Andan los días e las noches,   que vagar non se dan,
e passada han la sierra   que las otras tierras parte.
Por el rey don Alfonso   tómanse a preguntar.

98

Passando van las tierras   e los montes e las aguas,
llegan a Valladolid,   do el rey Alfonso estava.
Enviávanle mandado   Pero Vermúez e Minaya
que mandasse   recebir a esta conpaña:
mio Cid el de Valencia   envía su presentaja.

99

Alegre fue el rey,   non viestes atanto,
mandó cavalgar apriessa   todos sos fijosdalgo,
ý en los primeros   el rey fuera dio salto,
a ver estos mensajes   del que en buen ora nasco.
Los ifantes de Carrión,   sabet, ý s'acertaron,
e el conde don García,   so enemigo malo.
A los unos plaze   e a los otros va pesando.
A ojo los avién   los del que en buen ora nasco,
cuédanse que es almofalla,   ca non vienen con mandado;
el rey don Alfonso   seíse santiguando.
Minaya e Per Vermúez   adelante son llegados,
firiéronse a tierra,   decendieron de los cavallos;
ant'el rey Alfonso   los inojos fincados,
besan la tierra   e los pies amos:
—¡Merced, rey Alfonso,   sodes tan ondrado!
Por mio Cid el Campeador   todo esto vos besamos,
a vós llama por señor   e tiénes' por vuestro vassallo; [38r]
mucho precia la ondra   el Cid que l'avedes dado.
Pocos días ha, rey,   que una lid á arrancado:
a aquel rey de Marruecos,   Yúcef por nombrado,
con cincuaenta mill   arrancólos del campo;
las ganancias que fizo   non son con recabdo,
ricos son venidos   todos los sos vassallos,
e embíavos dozientos cavallos   e bésavos las manos.—
Dixo el rey don Alfonso: —Recíbolos de grado.
Gradéscolo a mio Cid,   que tal don me ha enbiado;
aún vea el ora   que de mí sea pagado.—
Esto plogo a muchos   e besáronle las manos;

pesó al conde don García   e mal era irado,
con diez de sos parientes   aparte davan salto:
—¡Maravilla es del Cid,   que su ondra crece tanto!
En la ondra que él ha   nós seremos abiltados;
por tan biltadamientre   vencer reyes del campo,
commo si los fallasse muertos   aduzirse los cavallos,
por esto que él faze   nós avremos enbargo.—

99 B

Fabló el rey don Alfonso   e dixo esta razón:
—Grado al Criador   e al señor Sant Esidro el de León

100

estos dozientos cavallos   que m'enbía mio Cid;
mio reino adelant   mejor me podrá servir.
A vós, Minaya Álbar Fáñez,   e a Pero Vermúez aquí
mándovos los cuerpos   ondradamientre servir e vestir [38v]
e guarnirvos de todas armas   commo vós dixiéredes aquí,
que bien parescades   ante Ruy Díaz mio Cid;
dóvos tres cavallos   e prendedlos aquí.
Assí commo semeja   e la veluntad me lo diz,
todas estas nuevas   a bien abrán de venir.—

101

Besáronle las manos e entraron a posar;
bien los mandó servir de cuanto huebos han.
De los ifantes de Carrión yo vos quiero contar,
fablando en su consejo, aviendo su poridad:
—Las nuevas del Cid mucho van adelant,
demandemos sus fijas pora con ellas casar,
creçremos en nuestra ondra e iremos adelant.—
Vinién al rey Alfonso con esta poridad:
—¡Merced vos pedimos commo a rey e a señor natural!

102

Con vuestro consejo lo queremos fer nós,
que nos demandedes fijas del Campeador;
casar queremos con ellas a su ondra e a nuestra pro.—
Una grant ora el rey pensó e comidió:
—Yo eché de tierra al buen Campeador,
e faziendo yo a él mal e él a mí grand pro,
del casamiento non sé si s'abrá sabor;
mas, pues bós lo queredes, entremos en la razón.—
A Minaya Álbar Fáñez e a Pero Vermúez
el rey don Alfonso essora los llamó,
a una cuadra elle los apartó: [39r]
—¡Oídme, Minaya, e vós, Per Vermúez!
Sírvem' mio Cid el Campeador,
él lo merece e de mí abrá perdón;
viniéssem' a vistas, si oviesse dent sabor.

Otros mandados   ha en esta mi cort:
Diego e Ferrando,   los ifantes de Carrión,
sabor han de casar   con sus fijas amas a dos.
Sed buenos mensageros   e ruégovoslo yo
que ge lo digades   al buen Campeador;
abrá ý ondra   e creçrá en onor
por consagrar   con los ifantes de Carrión.—
Fabló Minaya   e plogo a Per Vermúez:
—Rogárgelo emos   lo que dezides vós,
después faga el Cid   lo que oviere sabor.—
—Dezid a Ruy Díaz,   el que en buen ora nació,
que l'iré a vistas   do aguisado fuere;
do él dixiere,   ý sea el mojón;
andarle quiero   a mio Cid en toda pro.—
Espidiénse al rey,   con esto tornados son;
van pora Valencia   ellos e todos los sos.
Cuando lo sopo   el buen Campeador,
apriessa cavalga,   a recebirlos salió;
sonrisós' mio Cid   e bien los abraçó:
—¡Venides, Minaya,   e vós, Pero Vermúez!
¡En pocas tierras   á tales dos varones!
¿Cómmo son las saludes   de Alfonso, mio señor,
si es pagado   o recibió el don?— [39v]
Dixo Minaya: —¡D'alma e de coraçón
es pagado   e davos su amor!—
Dixo mio Cid: —¡Grado al Criador!—
Esto diziendo,   conpieçan la razón,
lo que·l' rogava   Alfonso el de León
de dar sus fijas   a los ifantes de Carrión,
que·l' coñoscié ý ondra   e creçrié en onor,

que ge lo consejava   d'alma e de coraçón.
Cuando lo oyó mio Cid   el buen Campeador,
una grand ora   pensó e comidió:
—¡Esto gradesco   a Christus el mio señor!
Echado fu de tierra   e, tollida la onor,
con grand afán   gané lo que he yo.
A Dios lo gradesco,   que del rey he su amor
e pídenme mis fijas   pora los ifantes de Carrión.
Ellos son mucho urgullosos   e an part en la cort;
d'este casamiento   non avría sabor,
mas, pues lo conseja   el que más vale que nós,
fablemos en ello,   en la poridad seamos nós.
¡Afé Dios del cielo,   que nos acuerde en lo mijor!—
—Con todo esto   a vós dixo Alfonso
que vos vernié a vistas   do oviéssedes sabor,
querervos ie ver   e darvos su amor,
acordarvos iedes después   a todo lo mejor.—
Essora dixo el Cid: —¡Plazme de coraçón!— [40r]
—Estas vistas   ó las ayades vós
—dixo Minaya—   vós sed sabidor.—
—Non era maravilla,   si quisiesse el rey Alfonso,
fasta do lo fallássemos   buscar lo iriémos nós,
por darle grand ondra   commo a rey e a señor;
mas lo que él quisiere,   esso queramos nós.
Sobre Tajo,   que es un agua cabdal,
ayamos vistas   cuando lo quiere mio señor.—
Escrivién cartas,   bien las selló,
con dos cavalleros   luego las enbió:
lo que el rey quisiere   esso ferá el Campeador.

103

Al rey ondrado   delant le echaron las cartas;
cuando las vio,   de coraçón se paga:
—Saludadme a mio Cid,   el que en buen ora cinxo espada.
Sean las vistas   d'estas tres semanas;
si yo bivo só,   allí iré sin falla.—
Non lo detardan,   a mio Cid se tornavan.
D'ella part e d'ella   pora las vistas se adobavan:
¿quién vio por Castiella   tanta mula preciada
e tanto palafré   que bien anda,
cavallos gruessos   e corredores sin falla,
tanto buen pendón   meter en buenas astas,
escudos boclados   con oro e con plata,
mantos e pielles   e buenos cendales d'Andria?
Conduchos largos   el rey enbiar mandava [40v]
a las aguas de Tajo,   o las vistas son aparejadas.
Con el rey   atantas buenas conpañas.
Los ifantes de Carrión   mucho alegres andan,
lo uno adebdan   e lo otro pagavan;
commo ellos tenién,   crecerles ía la ganancia,
cuantos quisiessen   averes d'oro o de plata.
El rey don Alfonso   apriessa cavalgava,
cuendes e podestades   e muy grandes mesnadas;
los ifantes de Carrión   lievan grandes conpañas.
Con el rey van leoneses   e mesnadas galizianas,
non son en cuenta,   sabet, las castellanas;
sueltan las riendas,   a las vistas se van adeliñadas.

104

Dentro en Valencia   mio Cid el Campeador
non lo detarda,   pora las vistas se adobó:
¡tanta gruessa mula   e tanto palafré de sazón,
tanta buena arma   e tanto buen cavallo corredor,
tanta buena capa   e mantos e pelliçones!
Chicos e grandes   vestidos son de colores.
Minaya Álbar Fáñez   e aquel Pero Vermúez,
Martín Muñoz,   el que mandó a Mont Mayor,
e Martín Antolínez,   el burgalés de pro,   1992b
el obispo don Jerónimo,   coranado mejor,
Álvar Álvarez   e Álvar Salvadórez,
Muño Gustioz,   el cavallero de pro,
Galind Garcíaz,   el que fue de Aragón,
estos se adoban   por ir con el Campeador,
e todos los otros   que ý son.   [41r]
Álvar Salvadórez   e Galínd Garcíaz el de Aragón,
a aquestos dos   mandó el Campeador
que curien a Valencia   d'alma e de coraçón,   2000b
e todos   los que en poder d'éssos fossen.
Las puertas del alcáçar   [.................]
que non se abriessen   de día nin de noch.   2002b
Dentro es su mugier   e sus fijas amas a dos,
en que tiene   su alma e su coraçón,
e las otras dueñas   que las sirven a su sabor.
Recabdado ha,   commo tan buen varón,
que del alcáçar   una salir non puede
fata que·s' torne   el que en buen hora nació.
Salién de Valencia,   aguijan a espolón:

¡tantos cavallos en diestro,   gruessos e corredores,
mio Cid se los gañara,   que non ge los dieran en don!
Ya·s' va pora las vistas   que con el rey paró.
De un día es llegado antes   el rey don Alfonso;
cuando vieron que vinié   el buen Campeador,
recebirlo salen   con tan grand onor.
Don lo ovo a ojo   el que en buen ora nació,
a todos los sos   estar los mandó,
sinon a estos cavalleros   que querié de coraçón.
Con unos quinze   a tierra·s' firió;
commo lo comidía   el que en buen ora nació,
los inojos e las manos   en tierra los fincó,
las yerbas del campo   a dientes las tomó.
Llorando de los ojos,   tanto avié el gozo mayor,   [41v]
así sabe dar omildança   a Alfonso so señor.
De aquesta guisa   a los pies le cayó,
tan grand pesar ovo   el rey don Alfonso:
—¡Levantados en pie,   ya Cid Campeador!
Besad las manos,   ca los pies no;
si esto non feches,   non avredes mi amor.—
Hinojos fitos   sedié el Campeador:
—¡Merced vos pido a vós,   mio natural señor!
Assí estando,   dédesme vuestra amor,
que lo oyan   cuantos aquí son.—
Dixo el rey: —Esto feré   d'alma e de coraçón.
Aquí vos perdono   e dóvos mi amor
e en todo mio reino   parte desde oy. —
Fabló mio Cid   e dixo esta razón:
—¡Merced! Yo lo recibo,   don Alfonso, mio señor.
Gradéscolo a Dios del cielo   e después a vós

e a estas mesnadas   que están aderredor.—
Hinojos fitos,   las manos le besó,
levós' en pie   e en la boca·l' saludó.
Todos los demás   d'esto avién sabor,
pesó a Álbar Díaz   e a Garcí Ordóñez.
Fabló mio Cid   e dixo esta razón:
—Esto gradesco   al Criador:
cuando he la gracia   de don Alfonso mio señor,
valerme á Dios   de día e de noch.
¡Fuéssedes mi huésped,   si vos ploguiesse, señor!—
Dixo el rey: —Non es aguisado oy:
vós agora llegastes   e nós viniemos anoch, [42r]
mio huésped seredes,   Cid Campeador,
e cras feremos   lo que ploguiere a vós.—
Besóle la mano,   mio Cid lo otorgó.
Essora se le omillan   los ifantes de Carrión:
—¡Omillámosnos, Cid,   en buen ora nasquiestes vós!
En cuanto podemos   andamos en vuestro pro.—
Respuso mio Cid: —¡Assí lo mande el Criador!—
Mio Cid Ruy Díaz,   que en ora buena nació,
en aquel día   del rey so huésped fue.
Non se puede fartar d'él,   tanto·l' querié de coraçón,
catándol' sedié la barba   que tan aína·l' creció;
maravíllanse de mio Cid   cuantos que ý son.
El día es passado   e entrada es la noch,
otro día mañana   claro salié el sol.
El Campeador   a los sos lo mandó,
que adobassen cozina   pora cuantos que ý son.
De tal guisa los paga   mio Cid el Campeador,
todos eran alegres   e acuerdan en una razón:

passado avié tres años   no comieran mejor.
Al otro día mañana,   assí commo salió el sol,
el obispo don Jerónimo   la missa cantó.
Al salir de la missa   todos juntados son,
non lo tardó el rey,   la razón conpeçó:
—¡Oídme, las escuelas,   cuendes e ifançones!
Cometer quiero un ruego   a mio Cid el Campeador, [42v]
assí lo mande Christus   que sea a so pro:
vuestras fijas vos pido,   don Elvira e doña Sol,
que las dedes por mugieres   a los ifantes de Carrión.
Seméjam' el casamiento   ondrado e con grant pro,
ellos vos las piden   e mándovoslo yo.
D'ella e d'ella parte   cuantos que aquí son,
los mios e los vuestros,   que sean rogadores:
¡dándoslas, mio Cid,   sí vos vala el Criador!—
—Non habría fijas de casar   —respuso el Campeador—,
ca non han grant edad   e de días pequeñas son.
De grandes nuevas son   los ifantes de Carrión,
pertenecen pora mis fijas   e aun pora mejores.
Yo las engendré amas   e criásteslas vos,
entre yo y ellas   en vuestra merced somos nós:
afellas en vuestra mano   don Elvira e doña Sol,
dadlas a qui quisiéredes vós,   ca yo pagado só.—
—Gracias —dixo el rey—   a vós e a tod esta cort.—
Luego se levantaron   los ifantes de Carrión,
ban besar las manos   al que en buen ora nació;
camearon las espadas   ant'el rey don Alfonso.
Fabló el rey don Alfonso,   commo tan buen señor:
—Grado e gracias, Cid,   e primero al Criador,
que·m' dades vuestras fijas   pora los ifantes de Carrión. [43r]

D'aquí las prendo por mis manos   a don Elvira e doña Sol
e dolas por veladas   a los ifantes de Carrión.
Yo las caso a vuestras fijas   con vuestro amor,
al Criador plega   que ayades ende sabor.
Afellos en vuestras manos   los ifantes de Carrión,
ellos vayan convusco,   ca d'aquén me torno yo.
Trezientos marcos de plata   en ayuda les do yo
que metan en sus bodas   o do quisiéredes vós;
pues fueren en vuestro poder   en Valencia la mayor,
los yernos e las fijas   todos vuestros fijos son,
lo que vos ploguiere   d'ellos fet, Campeador.—
Mio Cid ge los recibe,   las manos le besó:
—Mucho vos lo gradesco   commo a rey e a señor,
vós casades mis fijas,   ca non ge las do yo.—
Las palabras son puestas   [................]
que otro día mañana,   cuando saliés el sol
que·s' tornasse cada uno   don salidos son.   2112b
Aquí·s' metió en nuevas   mio Cid el Campeador:
tanta gruessa mula   e tanto palafré de sazón,
tantas buenas vestiduras   que d'alfaya son,   2116
compeçó mio Cid a dar   a quien quiere prender so don;   2115
cada uno lo que pide   nadi no·l' dize de no.   2117
Mio Cid de los cavallos   sessaenta dio en don.
Todos son pagados de las vistas   cuantos que ý son;   [43v]
partirse quieren,   que entrada era la noch.
El rey a los ifantes   a las manos les tomó,
metiólos en poder   de mio Cid el Campeador:
—Evad aquí vuestros fijos,   cuando vuestros yernos son,
de oy más sabed   qué fer d'ellos, Campeador.—
—Gradéscolo, rey,   e prendo vuestro don.

¡Dios que está en cielo   dévos dent buen galardón!—
Sobre el so cavallo Bavieca   mio Cid salto dio:
—Aquí lo digo   ante mio señor el rey Alfonso:
qui quiere ir a las bodas   o recebir mi don,
d'aquend vaya comigo,   cuedo que l'avrá pro.

105

Yo vos pido merced   a vós, rey natural:
pues que casades mis fijas   así commo a vós plaz,
dad manero a qui las dé   cuando vós las tomades;
non ge las daré yo con mi mano   ni dend non se alabarán.—
Respondió el rey: —Afé aquí Álbar Fáñez,
prendellas con vuestras manos   e daldas a los ifantes,
assí commo yo las prendo d'aquent   commo si fosse delant,
sed padrino d'ellas   a tod el velar;
cuando vos juntáredes comigo   que·m' digades la verdat.—
Dixo Álbar Fáñez: —¡Señor, afé que me plaz!—

106

Tod esto es puesto,   sabet, en gran recabdo.
—¡Ya, rey don Alfonso,   señor tan ondrado!
D'estas vistas que oviemos,   de mí tomedes algo: [44r]
tráyovos treinta palafrés,   éstos bien adobados,
e treinta cavallos corredores,   éstos bien ensellados;
tomad aquesto   e beso vuestras manos.—
Dixo el rey don Alfonso: —¡Mucho me avedes enbargado!

Recibo este don   que me avedes mandado.
¡Plega al Criador   con todos los sos santos,
este plazer que·m' feches   que bien sea galardonado!
Mio Cid Ruy Díaz,   mucho me avedes ondrado;
de vós bien só servido   e téngon' por pagado,
aún bivo seyendo   de mí ayades algo.
A Dios vos acomiendo,   d'estas vistas me parto.
¡Afé Dios del cielo   que lo ponga en buen recabdo!—

107

Ya s'espidió mio Cid   de so señor Alfonso,
non quiere que l'escurra,   quitól' dessí luego.
Veriedes cavalleros   que bien andantes son
besar las manos   e espedirse del rey Alfonso:
—Merced vos sea   e fazednos este perdón:
iremos en poder de mio Cid   a Valencia la mayor,
seremos a las bodas   de los ifantes de Carrión
e de las fijas de mio Cid,   de don Elvira e doña Sol.—
Esto plogo al rey   e a todos los soltó;
la conpaña del Cid crece   e la del rey mengó,
grandes son las yentes   que van con el Canpeador, [44v]
adeliñan pora Valencia,   la que en buen punto ganó.
E a don Fernando e a don Diego   aguardarlos mandó
a Pero Vermúez   e Muño Gustioz
(en casa de mio Cid   non ha dos mejores),
que sopiessen sos mañas   de los ifantes de Carrión.
E va ý Asur Gonçález,   que era bullidor,
que es largo de lengua,   mas en lo ál non es tan pro.

Grant ondra les dan   a los ifantes de Carrión.
Afelos en Valencia,   la que mio Cid gañó,
cuando a ella assomaron   los gozos son mayores.
Dixo mio Cid a don Pero   e a Muño Gustioz:
—Dadles un reyal   a los ifantes de Carrión,
vós con ellos sed,   que assí vos lo mando yo.
Cuando viniere la mañana,   que apuntare el sol,
verán a sus esposas,   a don Elvira e a doña Sol.—

108

Todos essa noch   fueron a sus posadas;
mio Cid el Campeador   al alcáçar entrava,
recibiólo doña Ximena   e sus fijas amas:
—¡Venides, Campeador,   en buena ora cinxiestes espada,
muchos días vos veamos   con los ojos de las caras!—
—¡Grado al Criador,   vengo, mugier ondrada!
Yernos vos adugo   de que avremos ondrança,
¡gradídmelo, mis fijas,   ca bien vos he casadas!—
Besáronle las manos   la mugier e las fijas amas   [45r]
e todas las dueñas   que las sirven sin falla:

109

—¡Grado al Criador   e a vós, Cid, barba vellida!
Todo lo que vós feches   es de buena guisa,
non serán menguadas   en todos vuestros días.—
—¡Cuando vós nos casáredes   bien seremos ricas!—

110

—Mugier doña Ximena,   ¡grado al Criador!
A vós digo, mis fijas,   don Elvira e doña Sol,
d'este vustro casamiento   creçremos en onor,
mas bien sabet verdat,   que non lo levanté yo:
pedidas vos ha e rogadas   el mio señor Alfonso
atán firmemientre   e de todo coraçón
que yo nulla cosa   no·l' sope dezir de no.
Metívos en sus manos,   fijas amas a dos;
bien me lo creades   que él vos casa, ca non yo.—

111

Pensaron de adobar   essora el palacio:
por el suelo e suso   tan bien encortinado,
tanta pórpola e tanto xamed   e tanto paño preciado;
sabor abriedes de ser   e de comer en el palacio.
Todos sus cavalleros   apriessa son juntados;
por los ifantes de Carrión   essora enbiaron;
cavalgan los ifantes adelant,   adeliñavan al palacio
con buenas vestiduras   e fuertemientre adobados,
de pie e a sabor,   ¡Dios, qué quedos entraron!
Recibiólos mio Cid   con todos sus vasallos,   [45v]
a él e a su mugier   delant se le omillaron
e ivan posar   en un precioso escaño.
Todos los de mio Cid   tan bien son acordados,
están parando mientes   al que en buen ora nasco.
El Campeador   en pie es levantado:

—Pues que a fazer lo avemos,   ¿por qué lo imos tardando?
Venit acá, Álbar Fáñez,   el que yo quiero e amo:
afé amas mis fijas   métolas en vuestra mano;
sabedes que al rey   assí ge lo he mandado,
non lo quiero fallir por nada   de cuanto á ý parado;
a los ifantes de Carrión   dadlas con vuestra mano
e prendan bendiciones   e vayamos recabdando.—
Estoz dixo Minaya: —Esto faré yo de grado.—
Levántanse derechas   e metiógelas en mano,
a los ifantes de Carrión   Minaya va fablando:
—Afevos delant Minaya,   amos sodes hermanos;
por mano del rey Alfonso,   que a mí lo ovo mandado,
dóvos estas dueñas,   amas son fijasdalgo,
que las tomássedes por mugieres   a ondra e a recabdo.—
Amos las reciben   d'amor e de grado,
a mio Cid e a su mugier   van besar las manos.
Cuando ovieron aquesto fecho,   salieron del palacio,
pora Santa María   apriessa adeliñando.
El obispo don Jerónimo   vistiós' tan privado,   [46r]
a la puerta de la eclegia   sediéllos sperando;
dioles bendictiones,   la missa á cantado.
Al salir de la eclegia   cavalgaron tan privado,
a la glera de Valencia   fuera dieron salto,
¡Dios, qué bien tovieron armas   el Cid e sus vassallos!
Tres cavallos cameó   el que en buen ora nasco,
mio Cid de lo que veyé   mucho era pagado:
los ifantes de Carrión   bien an cavalgado.
Tórnanse con las dueñas,   a Valencia an entrado;
ricas fueron las bodas   en el alcáçar ondrado
e al otro día fizo mio Cid   fincar siete tablados,

antes que entrassen a yantar   todos los quebrantaron.
Quinze días conplidos   en las bodas duraron,
ya cerca de los quinze días   ya·s' van los fijosdalgo.
Mio Cid don Rodrigo,   el que en buen hora nasco,
entre palafrés e mulas   e corredores cavallos,
en bestias sines ál   ciento á mandados;
mantos e pelliçones   e otros vestidos largos,
non fueron en cuenta   los averes monedados.
Los vassallos de mio Cid   assí son acordados,
cada uno por sí   sos dones avién dados.
Qui aver quiere prender   bien era abastado,
ricos tornan a Castiella   los que a las bodas llegaron. [46v]
Ya s'ivan partiendo   aquestos ospedados,
espidiéndos' de Ruy Díaz,   el que en buen hora nasco,
e a todas las dueñas   e a los fijosdalgo;
por pagados se parten   de mio Cid e de sus vassallos,
grant bien dizen d'ellos   ca era aguisado.
Mucho eran alegres   Diego e Fernando,
estos fueron fijos   del conde don Gonçalo.
Venidos son a Castiella   aquestos ospedados,
el Cid e sos yernos   en Valencia son rastados.
Ý moran los ifantes   bien cerca de dos años,
los amores que les fazen   mucho eran sobejanos;
alegre era el Cid   e todos sus vassallos.
¡Plega a Santa María   e al Padre Santo
que·s' pague d'es casamiento   mio Cid o el que lo ovo a algo!
¡Las coplas d'este cantar   aquí·s' van acabando,
el Criador vos vala   con todos los sos santos!

Cantar Tercero

112

En Valencia seí   mio Cid con todos los sos,
con él amos sus yernos,   los ifantes de Carrión.
Yaziés' en un escaño,   durmié el Campeador;
mala sobrevienta   sabed que les cuntió:
saliós' de la red   e desatós' el león.
En grant miedo se vieron   por medio de la cort;
enbraçan los mantos   los del Campeador
e cercan el escaño   e fincan sobre so señor;
Ferrán Gonçález   [...............] [47r]
non vio allí dó s'alçasse,   nin cámara abierta nin torre, 2286b
metiós' so l'escaño,   tanto ovo el pavor;
Diego Gonçález   por la puerta salió
diziendo de la boca: —¡Non veré Carrión!—
Tras una viga lagar   metiós' con grant pavor,
el manto e el brial   todo suzio lo sacó.
En esto despertó   el que en buen ora nació,
vio cercado el escaño   de sus buenos varones:
—¿Qué's esto, mesnadas,   o qué queredes vós?—
—¡Ya señor ondrado,   rebata nos dio el león!—
Mio Cid fincó el cobdo,   en pie se levantó,
el manto trae al cuello   e adeliñó pora'l león;
el león, cuando lo vio,   assí envergonçó,
ante mio Cid la cabeça premió   e el rostro fincó.

Mio Cid don Rodrigo   al cuello lo tomó
e liévalo adestrando,   en la red le metió.
A maravilla lo han   ҫuantos que ý son
e tornáronse al palacio,   pora la cort.
Mio Cid por sos yernos   demandó e no los falló;
maguer los están llamando,   ninguno non responde.
Cuando los fallaron,   ellos vinieron assí sin color;
non viestes tal juego   commo iva por la cort,
mandólo vedar   mio Cid el Campeador.
Mucho·s' tovieron por enbaídos   los ifantes de Carrión,
fiera cosa les pesa   d'esto que les cuntió.

113

Ellos en esto estando,   don avién grant pesar,
fuerças de Marruecos   Valencia vienen cercar, [47v]
cincuaenta mill tiendas   fincadas ha de las cabdales.
Aqueste era el rey Bucar,   si l'oviestes contar.

114

Alegrávas' el Cid   e todos sus varones,
que les crece la ganancia,   grado al Criador;
mas, sabed, de cuer les pesa   a los ifantes de Carrión,
ca veyén tantas tiendas de moros   de que non avién sabor.
Amos hermanos   apart salidos son:
—Catamos la ganancia   e la pérdida no.
Ya en esta batalla   a entrar abremos nós,

esto es aguisado   por non ver Carrión,
bibdas remandrán   fijas del Campeador.—
Oyó la poridad   aquel Muño Gustioz,
vino con estas nuevas a mio Cid   Ruy Díaz el Canpeador:
—¡Evades qué pavor han vuestros yernos,   tan osados son,
por entrar en batalla   desean Carrión!
Idlos conortar,   sí vos vala el Criador,
que sean en paz   e non ayan ý ración.
¡Nos convusco los vençremos   e valernos ha el Criador!—
Mio Cid don Rodrigo   sonrisando salió:
—¡Dios vos salve, yernos,   ifantes de Carrión!
En braços tenedes mis fijas,   tan blancas commo el sol.
Yo desseo lides   e vós a Carrión;
en Valencia folgad   a todo vuestro sabor,
ca d'aquellos moros   yo só sabidor,
arrancármelos trevo   con la merced del Criador.—
[........................

115

—Aún vea el ora   que vos meresca dos tanto.— [48r]
En una conpaña   tornados son amos.
Assí lo otorga don Pero   cuemo se alaba Ferrando,
plogo a mio Cid   e a todos sos vassallos:
—¡Aún, si Dios quisiere   e el Padre que está en alto,
amos los mios yernos   buenos serán en canpo!—
Esto van diziendo   e las yentes se allegando.
En la hueste de los moros   los atamores sonando,
a maravilla lo avién   muchos d'essos cristianos,

ca nuncua lo vieran, ca nuevos son llegados.
Más se maravillan entre Diego e Ferrando,
por la su voluntad non serién allí llegados.
Oíd lo que fabló el que en buen ora nasco:
—¡Ala, Pero Vermúez, el mio sobrino caro!
Cúriesme a don Diego e curiésme a don Fernando,
mios yernos amos a dos, las cosas que mucho amo,
ca los moros, con Dios, non fincarán en canpo.—

116

—Yo vos digo, Cid, por toda caridad,
que oy los ifantes a mí por amo non abrán,
cúrielos quiquier, ca d'ellos poco m'incal,
yo con los mios ferir quiero delant,
vós con los vuestros firmemientre la çaga tengades;
si cueta fuere, bien me podredes huviar.—
Aquí llegó Minaya Álbar Fáñez:
—¡Oíd, ya Cid Campeador leal! 2361b
Esta batalla el Criador la ferá
e vós, tan diño que con él avedes part,
mandádnoslos ferir de cual part vos semejar;
el debdo que á cada uno a conplir será. [48v]
Verlo hemos con Dios e con la vuestra auze.—
Dixo mio Cid: —¡Ayamos más de vagar!—
Afevos el obispo don Jerónimo, muy bien armado está,
parávas' delant al Campeador, siempre con la buen auze:
—Oy vos dix la missa de Santa Trinidade.
Por esso salí de mi tierra e vinvos buscar,

por sabor que avía   de algún moro matar.
Mi orden e mis manos   querríalas ondrar
e a estas feridas   yo quiero ir delant.
Pendón trayo a corças   e armas de señal,
si ploguiesse a Dios   querríalas ensayar,
mio coraçón   que pudiesse folgar
e vós, mio Cid,   de mí más vos pagar.
Si este amor no·n' feches,   yo de vós me quiero quitar.—
Essora dixo mio Cid: —Lo que vós queredes plazme.
Afé los moros a ojo,   idlos ensayar;
nós d'aquent veremos   cómmo lidia el abbat.—

117

El obispo don Jerónimo   priso a espolonada
e ívalos ferir   a cabo del albergada.
Por la su ventura   e Dios que l'amava,
a los primeros colpes   dos moros matava de la lança;
el astil á quebrado   e metió mano al espada.
Ensayávas' el obispo, ¡Dios qué bien lidiava!,
dos mató con lança   e cinco con el espada.
Los moros son muchos,   derredor le cercavan, [49r]
dávanle grandes colpes,   mas no·l' falsan las armas.
El que en buen ora nasco   los ojos le fincava,
enbraçó el escudo   e abaxó el asta,
aguijó a Bavieca,   el cavallo que bien anda,
ívalos ferir   de coraçón e de alma.
En las azes primeras   el Campeador entrava,
abatió a siete   e a cuatro matava.

Plogo a Dios,   aquésta fue el arrancada.
Mio Cid con los suyos   cae en alcança;
veriedes quebrar tantas cuerdas   e arrancarse las estacas,
e acostarse los tendales   con huebras eran tantas.
Los de mio Cid a los de Bucar   de las tiendas los sacan.

118

Sácanlos de las tiendas,   cáenlos en alcaz,
tanto braço con loriga   veriedes caer apart,
tantas cabeças con yelmos   que por el campo caen,
cavallos sin dueños   salir a todas partes.
Siete migeros conplidos   duró el segudar,
mio Cid al rey Bucar   cayól' en alcaz:
—¡Acá torna, Bucar!   Venist d'allent mar,
verte as con el Cid,   el de la barba grant,
saludarnos hemos amos   e tajaremos amistad.—
Respuso Bucar al Cid: —¡Cofonda Dios tal amistad!
Espada tienes desnuda en mano   e véot' aguijar,
así commo semeja,   en mí la quieres ensayar;
mas si el cavallo non estropieça   o conmigo non caye ,[49v]
non te juntarás comigo   fata dentro en la mar.—
Aquí respuso mio Cid: —Esto non será verdad.—
Buen cavallo tiene Bucar   e grandes saltos faz,
mas Bavieca, el de mio Cid,   alcançándolo va.
Alcançólo el Cid a Bucar   a tres braças del mar,
arriba alçó Colada,   un grant colpe dado·l' ha,
las carbonclas del yelmo   tollidas ge las ha,
cortól' el yelmo   e, librado todo lo ál,

fata la cintura   el espada llegado ha.
Mató a Bucar,   al rey de allén mar
e ganó a Tizón,   que mill marcos d'oro val.
Venció la batalla   maravillosa e grant,
aquí s'ondró mio Cid   e cuantos con el están.

119

Con estas ganancias   ya s'ivan tornando.
Sabet, todos de firme   robavan el canpo,
a las tiendas   eran llegados
do estava   el que en buen ora nasco.
Mio Cid Ruy Díaz,   el Campeador contado,
con dos espadas   que el preciava algo,
por la matança   vinía tan privado,
la cara fronzida   e almófar soltado,
cofia sobre los pelos,   fronzida d'ella yacuanto.
Algo vie mio Cid   de lo que era pagado,
alçó sos ojos,   estava adelant catando
e vio venir   a Diego e a Fernando, [50r]
amos son fijos   del conde don Gonçalo.
Alegrós' mio Cid,   fermoso sonrisando:
—¡Venides, mios yernos,   mios fijos sodes amos!
Sé que de lidiar   bien sodes pagados,
a Carrión de vós   irán buenos mandados,
cómmo al rey Bucar   avemos arrancado.
Commo yo fío por Dios   e en todos los sos santos,
d'esta arrancada   nós iremos pagados.—
De todas partes   sos vassallos van llegando,

Minaya Álvar Fáñez   essora es llegado, 2449
el escudo trae al cuello   e todo espadado, 2450
de los colpes de las lanças   non avié recabdo,
aquellos que ge los dieran   non ge lo avién logrado.
Por el cobdo ayuso   la sangre destellando,
de veinte arriba   ha moros matado:
—¡Grado a Dios   e al Padre que está en alto, 2456
e a vós Cid,   que en buen ora fuestes nado!
Matastes a Bucar   e arrancamos el canpo;
todos estos bienes de vós son   e de vuestros vassallos,
e vuestros yernos   aquí son ensayados, 2460
fartos de lidiar   con moros en el campo.—
Dixo mio Cid: —Yo d'esto só pagado,
cuando agora son buenos   adelant serán preciados.—
Por bien lo dixo el Cid,   mas ellos lo tovieron a mal.

119 B

Todas las ganancias   a Valencia son llegadas, [50v] 2465
alegre es mio Cid   con todas sus conpañas,
que a la ración cayé   seiscientos marcos de plata.

119 C

Los yernos de mio Cid,   cuando este aver tomaron
d'esta arrancada,   que lo tenién en so salvo,
cuidaron que en sus días   nuncua serién minguados. 2470
Fueron en Valencia   muy bien arreados,

conduchos a sazones,   buenas pieles e buenos mantos.
Mucho son alegres   mio Cid e sus vassallos.

120

Grant fue el día   en la cort del Campeador,
después que esta batalla vencieron   e al rey Bucar mató.
Alçó la mano,   a la barba se tomó:
—¡Grado a Christus,   que del mundo es señor,
cuando veo   lo que avía sabor,
que lidiaran comigo en campo   mios yernos amos a dos!
Mandados buenos   irán d'ellos a Carrión,
cómmo son ondrados   e avervos han grant pro.

121

Sobejanas son las ganancias   que todos an ganado,
lo uno es nuestro,   lo otro han en salvo.—
Mandó mio Cid,   el que en buen ora nasco,
d'esta batalla   que han arrancado
que todos prisiessen   so derecho contado,
e el su quinto   non fuesse olbidado.
Assí lo fazen todos,   ca eran acordados.
Cayéronle en quinta   al Cid seixcientos cavallos
e otras azémilas   e camellos largos,   [51r]
tantos son de muchos   que non serién contados.

122

Todas estas ganancias   fizo el Canpeador:
—¡Grado a Dios,   que del mundo es señor!
Antes fu minguado,   agora rico só,
que he aver e tierra   e oro e onor,
e son mios yernos   ifantes de Carrión.
Arranco las lides   commo plaze al Criador,
moros e cristianos   de mí han grant pavor.
Allá dentro en Marruecos,   o las mezquitas son,
que abrán de mí salto   quiçab alguna noch,
ellos lo temen,   ca non lo pienso yo;
no los iré buscar,   en Valencia seré yo,
ellos me darán parias   con ayuda del Criador,
que paguen a mí   o a qui yo ovier sabor.—
Grandes son los gozos en Valencia   con mio Cid el Canpeador
de todas sus compañas   e de todos los sos.
Grandes son los gozos   de sus yernos amos a dos,
d'aquesta arrancada   que lidiaron de coraçón
valía de cinco mill marcos   ganaron amos a dos;
mucho·s' tienen por ricos   los ifantes de Carrión.
Ellos con los otros   vinieron a la cort,
aquí está con mio Cid   el obispo don Jerónimo,
el bueno de Álbar Fáñez,   cavallero lidiador,
e otros muchos   que crió el Campeador.
Cuando entraron   los ifantes de Carrión,
recibiólos Minaya   por mio Cid el Campeador: [51v]
—¡Acá venid, cuñados,   que más valemos por vós!—
Assí commo llegaron,   pagós' el Campeador:
—Evades aquí, yernos,   la mi mugier de pro

e amas las mis fijas,   don Elvira e doña Sol, 2520
bien vos abracen   e sírvanvos de coraçón.
¡Grado a Santa María,   madre del nuestro señor Dios, 2524
d'estos vuestros casamientos   vós abredes honor, 2525
buenos mandados irán   a tierras de Carrión!—

123

A estas palabras   fabló don Ferrando:
—Grado al Criador   e a vós, Cid ondrado,
tantos avemos de averes   que no son contados.
Por vós avemos ondra   e avemos lidiado, 2530
venciemos moros en campo   e matamos 2522
a aquel rey Bucar,   traidor provado. 2523
Pensad de lo otro,   que lo nuestro tenémoslo en salvo.— 2531
Vassallos de mio Cid   seyénse sonrisando
quién lidiara mejor   o quién fuera en alcanço,
mas non fallavan ý   a Diego ni a Ferrando.
Por aquestos juegos   que ivan levantando 2535
e las noches e los días   tan mal los escarmentando,
tan mal se consejaron   estos ifantes amos.
Amos salieron apart,   ¡veramientre son hermanos!,
d'esto qu'ellos fablaron   nós parte non ayamos:
—Vayamos pora Carrión,   aquí mucho detardamos. 2540
Los averes que tenemos   grandes son e sobejanos,
mientra que visquiéremos   despender no los podremos.

124

Pidamos nuestras mugieres   al Cid Campeador,
digamos que las levaremos   a tierras de Carrión,   [52r]
e enseñarlas hemos   dó las heredades son.
Sacarlas hemos de Valencia,   de poder del Campeador;
después en la carrera   feremos nuestro sabor,
ante que nos retrayan   lo que cuntió del león.
Nós de natura somos   de condes de Carrión,
averes levaremos grandes   que valen grant valor,
escarniremos   las fijas del Canpeador.
D'aquestos averes   sienpre seremos ricos omnes,
podremos casar con fijas   de reyes o de enperadores,
ca de natura somos   de condes de Carrión.
Assí las escarniremos   a las fijas del Campeador
antes que nos retrayan   lo que fue del león.—
Con aqueste consejo   amos tornados son,
fabló Ferrán Gonçález   e fizo callar la cort:
—¡Sí vos vala el Criador,   Cid Campeador!
Que plega a doña Ximena   e primero a vós,
e a Minaya Álbar Fáñez   e a cuantos aquí son:
dadnos nuestras mugieres   que avemos a bendiciones,
levarlas hemos   a nuestras tierras de Carrión,
meterlas hemos   en las villas
que les diemos   por arras e por onores.
Verán vuestras fijas   lo que avemos nós,
los fijos que oviéremos   en qué avrán partición.—
De assí ser afontado   no·s' curiava el Campeador;   2569
dixo el Cid: —Darvos he mis fijas   e algo de lo mio.   2568
Vós les diestes villas por arras   en tierras de Carrión,

yo quiéroles dar axuvar   tres mill marcos de oro,
darvos é mulas e palafrés   muy gruessos de sazón,
cavallos pora en diestro,   fuertes e corredores, [52v]
e muchas vestiduras   de paños de ciclatones.
Darvos he dos espadas,   a Colada e a Tizón;
bien lo sabedes vós que las gané   a guisa de varón.
Mios fijos sodes amos,   cuando mis fijas vos dó,
allá me levades   las telas del coraçón.
Que lo sepan en Gallizia   e en Castiella e en León,
con qué riqueza enbío   mios yernos amos a dos.
A mis fijas sirvades   que vuestras mugieres son;
si bien las servides,   yo vos rendré buen galardón.—
Atorgado lo han esto   los ifantes de Carrión,
aquí reciben   las fijas del Campeador,
conpieçan a recebir   lo que el Cid mandó.
Cuando son pagados   a todo so sabor,
ya mandavan cargar   ifantes de Carrión.
Grandes son las nuevas   por Valencia la mayor,
todos prenden armas   e cavalgan a vigor,
porque escurren sus fijas del Cid   a tierras de Carrión.
Ya quieren cavalgar,   en espidimiento son;
amas hermanas,   don Elvira e doña Sol,
fincaron los inojos   ant'el Cid Campeador:
—¡Merced vos pedimos, padre,   sí vos vala el Criador!
Vós nos engendrastes,   nuestra madre nos parió;
delante sodes amos,   señora e señor,
agora nos enviades   a tierras de Carrión,
debdo nos es a cunplir   lo que mandáredes vós. [53r]
Assí vos pedimos merced   nós amas a dos
que ayades vuestros mensajes   en tierras de Carrión.—

Abraçólas mio Cid   e saludólas amas a dos.

125

Él fizo aquesto,   la madre lo doblava:
—Andad, fijas,   d'aquí el Criador vos vala.
De mí e de vuestro padre   bien avedes nuestra gracia.
Id a Carrión,   do sodes heredadas;
assí commo yo tengo,   bien vos he casadas.—
Al padre e a la madre   las manos les besavan,
amos las bendixieron   e diéronles su gracia.
Mio Cid e los otros   de cavalgar pensavan
a grandes guarnimientos,   a cavallos e armas.
Ya salién los ifantes   de Valencia la clara,
espidiéndos' de las dueñas   e de todas sus compañas.
Por la huerta de Valencia   teniendo salién armas,
alegre va mio Cid   con todas sus compañas.
Violo en los avueros   el que en buen ora cinxo espada
que estos casamientos   non serién sin alguna tacha;
no·s' puede repentir,   que casadas las ha amas.

126

—¿Ó eres, mio sobrino,   tú, Félez Muñoz?
Primo eres de mis fijas amas   d'alma e de coraçón,
mándot' que vayas con ellas   fata dentro en Carrión,
verás las heredades   que a mis fijas dadas son.
Con aquestas nuevas   vernás al Campeador.—
Dixo Félez Muñoz: —Plazme   d'alma e de coraçón.—

Minaya Álbar Fáñez   ante mio Cid se paró: [53v]
—Tornémosnos, Cid,   a Valencia la mayor,
que si a Dios ploguiere   e al Padre Criador,
irlas hemos ver   a tierras de Carrión.—
—A Dios vos acomendamos,   don Elvira e doña Sol,
atales cosas fed   que en plazer caya a nós.—
Respondién los yernos: —¡Assí lo mande Dios!—
Grandes fueron los duelos   a la departición,
el padre con las fijas   lloran de coraçón,
assí fazían   los cavalleros del Campeador.
—Oyas, sobrino,   tú Félez Muñoz:
por Molina iredes,   ý yazredes una noch;
saludad a mio amigo   el moro Avengalvón,
reciba a mios yernos   commo él pudier mejor.
Dil' que enbío mis fijas   a tierras de Carrión,
de lo que ovieren huebos   sírvalas a so sabor,
desí escúrralas fasta Medina   por la mi amor;
de cuanto él fiziere   yo·l' daré por ello buen galardón.—
Cuemo la uña de la carne   ellos partidos son,
ya·s' tornó pora Valencia   el que en buen ora nasció;
piénsanse de ir   los ifantes de Carrión.
Por Santa María d'Alvarrazín   fazían la posada,
aguijan cuanto pueden   ifantes de Carrión,
felos en Molina   con el moro Avengalvón.
El moro, cuando lo sopo,   plógol' de coraçón,
saliólos recebir   con grandes alvorozes.
¡Dios, qué bien los sirvió   a todo so sabor!
Otro día mañana   con ellos cavalgó, [54r]
con dozientos cavalleros   escurrirlos mandó.
Ivan trocir los montes,   los que dizen de Luzón, 2653
trocieron Arbuxuelo   e llegan a Salón, 2656

o dizen El Ansarera   ellos posados son. 2657
A las fijas del Cid   el moro sus donas dio, 2654
buenos seños cavallos   a los ifantes de Carrión; 2655
tod esto les fizo el moro   por el amor del Cid Campeador. 2658
Ellos veyén la riqueza   que el moro sacó,
entramos hermanos   consejaron tración:
—Ya pues que a dexar avemos   fijas del Campeador,
si pudiéssemos matar   el moro Avengalvón,
cuanta riquiza tiene   averla iemos nós,
tan en salvo lo abremos   commo lo de Carrión,
nuncua avrié derecho de nós   el Cid Campeador.—
Cuando esta falsedad   dizién los de Carrión,
un moro latinado   bien ge lo entendió,
non tiene poridad,   díxolo a Avengalvón:
—Alcáyaz, cúriate d'éstos,   ca eres mio señor.
Tu muert oí consejar   a los ifantes de Carrión.—

127

El moro Avengalvón   mucho era buen barragán,
con dozientos que tiene   iva cavalgar,
armas iva teniendo,   parós' ante los ifantes.
De lo que el moro dixo   a los ifantes non plaze:
—Dezidme,   ¿qué vos fiz, ifantes?
Yo sirviéndovos sin art   e vós, pora mí, muert consejastes.
Si no lo dexás   por mio Cid el de Bivar,
tal cosa vos faría   que por el mundo sonás, [54v]
e luego levaría sus fijas   al Campeador leal.
¡Vós nuncua en Carrión   entrariedes jamás!

128

Aquí·m' parto de vós   commo de malos e de traidores.
Iré con vuestra gracia,   don Elvira e doña Sol;
poco precio las nuevas   de los de Carrión.
Dios lo quiera e lo mande,   que de tod el mundo es señor,
d'aqueste casamiento   que·s' grade el Canpeador.—
Esto les ha dicho   e el moro se tornó,
teniendo iva armas   al trocir de Salón;
cuemo de buen seso,   a Molina se tornó.
Ya movieron d'El Ansarera   los ifantes de Carrión,
acójense a andar   de día e de noch.
A siniestro dexan Atienza,   una peña muy fuert,
la sierra de Miedes   passáronla estoz,
por los Montes Claros   aguijan a espolón.
A siniestro dexan a Griza,   que Álamos pobló
(allí son caños   do a Elpha encerró),
a diestro dexan a Sant Estevan,   más cae aluén.
Entrados son los ifantes   al robredo de Corpes,
los montes son altos,   las ramas pujan con las núes,
e las bestias fieras   que andan aderredor.
Fallaron un vergel   con una linpia fuent,
mandan fincar la tienda   ifantes de Carrión,
con cuantos que ellos traen   ý yazen essa noch,
con sus mugieres en braços   demuéstranles amor,
¡mal ge lo cunplieron   cuando salié el sol!
Mandaron cargar las azémilas   con grandes averes a nombre,
cogida han la tienda   do albergaron de noch, [55r]
adelant eran idos   los de criazón,
assí lo mandaron   los ifantes de Carrión,

que non ý fincás ninguno,   mugier nin varón,
sinon amas sus mugieres,   doña Elvira e doña Sol,
deportarse quieren con ellas   a todo su sabor.
Todos eran idos,   ellos cuatro solos son,
tanto mal comidieron   los ifantes de Carrión:
—Bien lo creades,   don Elvira e doña Sol,
aquí seredes escarnidas,   en estos fieros montes,
oy nos partiremos   e dexadas seredes de nós,
non abredes part   en tierras de Carrión.
Irán aquestos mandados   al Cid Campeador,
nos vengaremos   por aquésta la del león.—
Allí les tuellen   los mantos e los pelliçones,
páranlas en cuerpos   e en camisas e en ciclatones.
Espuelas tienen calçadas   los malos traidores,
en mano prenden las cinchas   fuertes e duradores.
Cuando esto vieron las dueñas,   fablava doña Sol:
—¡Don Diego e don Ferrando,   rogámosvos por Dios!
Dos espadas tenedes   fuertes e tajadores,
al una dizen Colada   e al otra Tizón,
cortandos las cabeças,   mártires seremos nós;
moros e cristianos   departirán d'esta razón,
que por lo que nos merecemos   no lo prendemos nós.
Atán malos ensiemplos   non fagades sobre nós;
si nós fuéremos majadas,   abiltaredes a vós,
retraérvoslo han   en vistas o en cortes.—
Lo que ruegan las dueñas   non les ha ningún pro,   [55v]
essora les conpieçan a dar   los ifantes de Carrión,
con las cinchas corredizas   májanlas tan sin sabor;
con las espuelas agudas,   don ellas an mal sabor,
ronpién las camisas e las carnes   a ellas amas a dos.

Linpia salié la sangre   sobre los ciclatones,
ya lo sienten ellas   en los sos coraçones.
¡Cuál ventura serié ésta,   si ploguiesse al Criador,
que assomasse essora   el Cid Campeador!
Tanto las majaron   que sin cosimente son,
sangrientas an las camisas   e todos los ciclatones.
Cansados son de ferir   ellos amos a dos,
ensayándos' amos   cuál dará mejores colpes.
Ya non pueden fablar   don Elvira e doña Sol,
por muertas las dexaron   en el robredo de Corpes.

129

Leváronles los mantos   e las pieles armiñas,
mas déxanlas marridas   en briales e en camisas
e a las aves del monte   e a las bestias de la fiera guisa.
Por muertas las dexaron,   sabed, que non por bivas.
¡Cuál ventura serié   si assomás essora el Cid Campeador!

130

Los ifantes de Carrión   [.................],
en el robredo de Corpes   por muertas las dexaron,
que el una al otra   no·l' torna recabdo.
Por los montes do ivan,   ellos ívanse alabando:
—De nuestros casamientos   agora somos vengados,
non las deviemos tomar por varraganas | si non fuéssemos rogados, [56r]
pues nuestras parejas   non eran pora en braços.

¡La desondra del león   assí s'irá vengando!—

131

Alabándos' ivan   los ifantes de Carrión,
mas yo vos diré   d'aquel Félez Muñoz,
sobrino era   del Cid Campeador.
Mandáronle ir adelante,   mas de su grado non fue;
en la carrera do iva   dolió l' el coraçón,
de todos los otros   aparte se salió.
En un monte espesso   Félez Muñoz se metió
fasta que viesse venir   sus primas amas a dos
o qué han fecho   los ifantes de Carrión.
Violos venir   e oyó una razón,
ellos no·l' vien   ni dend sabién ración.
Sabet bien que, si ellos le viessen,   non escapara de muert.
Vanse los ifantes,   aguijan a espolón;
por el rastro   tornós' Félez Muñoz,
falló sus primas   amortecidas amas a dos.
Llamando: —¡Primas, primas!—,   luego descavalgó,
arrendó el cavallo,   a ellas adeliñó:
—¡Ya primas, las mis primas,   don Elvira e doña Sol!
Mal se ensayaron   los ifantes de Carrión.
¡A Dios plega e a Santa María   que dent prendan ellos mal galardón!—
Valas tornando   a ellas amas a dos,
tanto son de traspuestas   que nada dezir non pueden.
Partiéronsele las telas   de dentro del coraçón,
llamando: —¡Primas, primas,   don Elvira e doña Sol!
¡Despertedes, primas,   por amor del Criador,

mientra que es el día,   ante que entre la noch, [56v]
los ganados fieros   non nos coman en aqueste mont!—
Van recordando   don Elvira e doña Sol,
abrieron los ojos   e vieron a Félez Muñoz:
—¡Esforçadvos, primas,   por amor del Criador!
De que non me fallaren   los ifantes de Carrión,
a grant priessa   seré buscado yo.
Si Dios non nos vale,   aquí morremos nós.—
Tan a grant duelo   fablava doña Sol:
—¡Sí vos lo meresca, mio primo,   nuestro padre el Canpeador,
dandos del agua,   sí vos vala el Criador!—
Con un sonbrero   que tiene Félez Muñoz
(nuevo era e fresco,   que de Valencia·l' sacó)
cogió del agua en él   e a sus primas dio.
Mucho son lazradas   e amas las fartó,
tanto las rogó   fata que las assentó;
valas conortando   e metiendo coraçón
fata que esfuerçan   e amas las tomó,
e privado   en el cavallo las cavalgó,
con el so manto   a amas las cubrió.
El cavallo priso por la rienda   e luego dent las partió.
Todos tres señeros   por los robredos de Corpes,
entre noch e día   salieron de los montes.
A las aguas de Duero   ellos arribados son,
a la Torre de don Urraca   elle las dexó.
A Sant Estevan   vino Félez Muñoz,
falló a Diego Téllez,   el que de Álbar Fáñez fue.
Cuando elle lo oyó,   pesól' de coraçón, [57r]
priso bestias   e vestidos de pro,
iva recebir   a don Elvira e a doña Sol.

En Sant Estevan   dentro las metió,
cuanto él mejor puede,   allí las ondró.
Los de Sant Estevan   siempre mesurados son,
cuando sabién esto,   pesóles de coraçón,
a llas fijas del Cid   danles esfuerço.
Allí sovieron ellas   fata que sanas son.
Alabándos' seían   los ifantes de Carrión,
de cuer pesó esto   al buen rey don Alfonso.
Van aquestos mandados   a Valencia la mayor,
cuando ge lo dizen   a mio Cid el Campeador,
una grand ora   pensó e comidió,
alçó la su mano,   a la barba se tomó:
—¡Grado a Christus,   que del mundo es señor,
cuando tal ondra me an dada   los ifantes de Carrión!
¡Par aquesta barba   que nadi non messó,
non la lograrán   los ifantes de Carrión,
que a mis fijas   bien las casaré yo!—
Pesó a mio Cid   e a toda su cort,
e a Álbar Fáñez   d'alma e de coraçón.
Cavalgó Minaya   con Pero Vermúez
e Martín Antolínez,   el burgalés de pro,
con dozientos cavalleros   cuales mio Cid mandó.
Díxoles fuertemientre   que andidiessen de día e de noch,
aduxiessen a sus fijas   a Valencia la mayor.
Non lo detardan   el mandado de su señor, [57v]
apriessa cavalgan,   andan los días e las noches,
vinieron a Gormaz,   un castillo tan fuert,
ý albergaron   por verdad una noch.
A Sant Estevan   el mandado llegó
que vinié Minaya   por sus primas amas a dos.

Varones de Sant Estevan,   a guisa de muy pros,
reciben a Minaya   e a todos sus varones.
Presentan a Minaya   essa noch grant enfurción,
non ge lo quiso tomar,   mas mucho ge lo gradió:
—Gracias, varones de Sant Estevan,   que sodes coñoscedores,
por aquesta ondra que vós diestes   a esto que nos cuntió;
mucho vos lo gradece, allá do está,   mio Cid el Canpeador,
assí lo fago yo   que aquí estó.
¡Afé Dios de los cielos,   que vos dé dent buen galardón!—
Todos ge lo gradecen   e sos pagados son.
Adeliñan a posar   pora folgar essa noch;
Minaya va ver   sus primas dó son,
en él fincan los ojos   don Elvira e doña Sol:
—Atanto vos lo gradimos   commo si viéssemos al Criador,
e vós a Él lo gradid   cuando bivas somos nós.

132

[................]   en los días de vagar,
toda nuestra rencura   sabremos contar.— 2862b
Lloravan de los ojos   las dueñas e Álbar Fáñez,
e Pero Vermúez   conortándolas ba:
—Don Elvira e doña Sol,   cuidado non ayades,
cuando vós sodes sanas e bivas   e sin otro mal;
buen casamiento perdiestes,   mejor podredes ganar.
¡Aun veamos el día   que vos podamos vengar!— [58r]
Ý yazen essa noche   e tan grand gozo que fazen,
otro día mañana   piensan de cavalgar.
Los de Sant Estevan   escurriéndolos van

fata río d'Amor,   dándoles solaz.
D'allent se espidieron d'ellos,   piénsanse de tornar,
e Minaya con las dueñas   iva cabadelant.
Trocieron Alcoceva,   a diestro dexan Gormaz,
o dizen Bado de Rey   allá ivan passar,
a la casa de Berlanga   posada presa han.
Otro día mañana   métense a andar,
a cual dizen Medina   ivan albergar
e de Medina a Molina   en otro día van.
Al moro Avengalvón   de coraçón le plaz,
saliólos a recebir   de buena voluntad,
por amor de mio Cid   rica cena les da.
Dent pora Valencia   adeliñechos van.
Al que en buen ora nasco   llegava el mensaje,
privado cavalga,   a recebirlos sale,
armas iva teniendo   e grant gozo que faze.
Mio Cid a sus fijas   ívalas abraçar,
besándolas a amas   tornós' de sonrisar:
—¡Venides, mis fijas,   Dios vos curie de mal!
Yo tomé el casamiento,   mas non osé dezir ál.
¡Plega al Criador   que en cielo está
que vos vea mejor casadas   d'aquí en adelant!
De mios yernos de Carrión   Dios me faga vengar.—
Besaron las manos   las fijas al padre.
Teniendo ivan armas,   entráronse a la cibdad, [58v]
grand gozo fizo con ellas   doña Ximena su madre.
El que en buen ora nasco   non quiso tardar,
fablós' con los sos   en su poridad,
al rey Alfonso de Castiella   pensó de enbiar:

133

—¿Ó eres, Muño Gustioz,   mio vassallo de pro?
En buen ora te crié   a ti en la mi cort.
Lieves el mandado   a Castiella al rey Alfonso,
por mi bésale la mano   d'alma e de coraçón,
cuemo yo so su vassallo   e él es mio señor,
d'esta desondra que me an fecha   los ifantes de Carrión
que·l' pese al buen rey   d'alma e de coraçón.
Él casó mis fijas,   ca non ge las di yo;
cuando las han dexadas   a grant desonor,
si desondra ý cabe   alguna contra nós,
la poca e la grant   toda es de mio señor.
Mios averes se me han levado   que sobejanos son,
esso me puede pesar   con la otra desonor.
Adúgamelos a vistas   o a juntas o a cortes,
commo aya derecho   de ifantes de Carrión,
ca tan grant es la rencura   dentro en mi coraçón.—
Muño Gustioz   privado cavalgó,
con él dos cavalleros   que·l' sirvan a so sabor
e con él escuderos   que son de criazón.
Salién de Valencia   e andan cuanto pueden,
no·s' dan vagar   los días e las noches.
Al rey   en San Fagunt lo falló, [59r]
rey es de Castiella   e rey es de León,
e de las Asturias   bien a San Çalvador,
fasta dentro en Santi Yaguo   de todo es señor
e llos condes gallizanos   a él tienen por señor.
Assí commo descavalga   aquel Muño Gustioz,
omillós' a los santos   e rogó al Criador;

adeliñó pora·l' palacio   do estava la cort,
con él dos cavalleros   que l'aguardan cum a señor.
Assí commo entraron   por medio de la cort,
violos el rey   e coñosció a Muño Gustioz;
levantós' el rey,   tan bien los recibió.
Delant el rey   fincó los inojos,
besábale los pies   aquel Muño Gustioz:
—¡Merced, rey Alfonso,   de largos reinos a vós dizen señor!
Los pies e las manos   vos besa el Campeador,
elle es vuestro vassallo   e vós sodes so señor.
Casastes sus fijas   con ifantes de Carrión,
alto fue el casamiento,   ca lo quisiestes vós.
Ya vós sabedes la ondra   que es cuntida a nós,
cuémo nos han abiltados   ifantes de Carrión.
Mal majaron sus fijas   del Cid Campeador,
majadas e desnudas   a grande desonor,
desenparadas las dexaron   en el robredo de Corpes
a las bestias fieras   e a las aves del mont.
Afelas sus fijas   en Valencia, do son.
Por esto vos besa las manos   commo vassallo a señor   [59v]
que ge los levedes a vistas   o a juntas o a cortes.
Tiénes' por desondrado,   mas la vuestra es mayor,
e que vos pese, rey,   commo sodes sabidor;
que aya mio Cid derecho   de ifantes de Carrión.—
El rey una grand ora   calló e comidió:
—Verdad te digo yo   que me pesa de coraçón
e verdad dizes en esto   tú, Muño Gustioz,
ca yo casé sus fijas   con ifantes de Carrión,
fizlo por bien   que fuesse a su pro;
¡siquier el casamiento   fecho non fuesse oy!

Entre yo e mio Cid   pésanos de coraçón,
ayudarl'é a derecho,   sí·n' salve el Criador,
lo que non cuidava fer   de toda esta sazón.

133 B

Andarán mios porteros   por todo mio reino,
pregonarán mi cort   pora dentro en Toledo.

133 C

Que allá me vayan   cuendes e ifançones;
mandaré cómmo ý vayan   ifantes de Carrión
e cómmo den derecho   a mio Cid el Campeador,

134

e que non aya rencura   podiendo yo vēdallo.
Dezidle al Campeador,   que en buen ora nasco,
que d'estas siete semanas   adóbes' con sus vassallos,
véngam' a Toledo,   esto·l' dó de plazo.
Por amor de mio Cid   esta cort yo fago,
saludádmelos a todos,   entr'ellos aya espacio,
d'esto que les avino   aun bien serán ondrados.— [60r]
Espidiós' Muño Gustioz,   a mio Cid es tornado.
Assí commo lo dixo,   suyo era el cuidado;
non lo detiene por nada   Alfonso el castellano,

enbía sus cartas   pora León e a Santi Yaguo,
a los portogaleses   e a galizianos,
e a los de Carrión   e a varones castellanos,
que cort fazié en Toledo   aquel rey ondrado,
a cabo de siete semanas   que ý fuessen juntados,
qui non viniesse a la cort   non se toviesse por su vassallo.
Por todas sus tierras   assí lo ivan pensando,
que non falliessen   de lo que el rey avié mandado.

135

Ya les va pesando   a los ifantes de Carrión
porque el rey   en Toledo fazié cort,
miedo han que ý verná   mio Cid el Campeador.
Prenden so consejo   assí parientes commo son,
ruegan al rey   que los quite d'esta cort;
dixo el rey: —No lo feré,   sí·n' salve Dios,
ca ý verná   mio Cid el Campeador,
dar l'edes derecho,   ca rencura ha de vós.
Qui lo fer non quisiesse   o no ir a mi cort
quite mio reino,   ca d'él non he sabor.—
Ya lo vieron qué es a fer   los ifantes de Carrión,
prenden consejo   parientes commo son;
el conde don García   en estas nuevas fue,
enemigo de mio Cid,   que mal siempre·l' buscó,
aquéste consejó   los ifantes de Carrión. [60v]
Llegava el plazo,   querién ir a la cort,
en los primeros va   el buen rey don Alfonso,
el conde don Anrich   e el conde don Remond

(aquéste fue padre   del buen enperador),
el conde don Fruela   e el conde don Beltrán.
Fueron ý de su reino   otros muchos sabidores,
de toda Castiella   todos los mejores.
El conde don García   con ifantes de Carrión
(Diego e Ferrando   ý son amos a dos),
e Asur Gonçález   e Gonçalo Assúrez
e con ellos grant bando   que aduxieron a la cort,
enbaírle cuidan   a mio Cid el Campeador.
De todas partes   allí juntados son,
aún non era llegado   el que en buen ora nació,
porque se tarda el rey non ha sabor.
Al quinto día venido   es mio Cid el Campeador,
a Álvar Fáñez   adelante l'enbió,
que besasse las manos   al rey so señor,
bien lo sopiesse,   que ý serié essa noch.
Cuando lo oyó el rey,   plógol' de coraçón,
con grandes yentes   el rey cavalgó
e iva recebir   al que en buen ora nació.
Bien aguisado viene   el Cid con todos los sos,
buenas compañas   que assí an tal señor.
Cuando l'ovo a ojo   el buen rey don Alfonso,
firiós' a tierra   mio Cid el Campeador, [61r]
biltarse quiere   e ondrar a so señor.
Cuando lo vio el rey,   por nada non tardó:
—¡Par Sant Esidro,   verdad non será oy!
Cavalgad, Cid, si non   non avría dend sabor;
saludarnos hemos   d'alma e de coraçón,
de lo que a vós pesa   a mí duele el coraçón.
¡Dios lo mande,   que por vós se ondre oy la cort!—

—¡Amén!— dixo   mio Cid el Campeador,
besóle la mano   e después le saludó:
—¡Grado a Dios   cuando vos veo, señor!
Omíllom' a vós   e al conde don Remond,
e al conde don Anrich   e a cuantos que ý son.
¡Dios salve a nuestros amigos   e a vós más, señor!
Mi mugier doña Ximena,   dueña es de pro,
bésavos las manos   e mis fijas amas a dos,
d'esto que nos abino   que vos pese, señor.—
Respondió el rey: —¡Sí fago, sí·n' salve Dios!—

136

Pora Toledo   el rey tornada da,
essa noch mio Cid   Tajo no quiso passar:
—¡Merced, ya rey,   sí el Criador vos salve!
Pensad, señor,   de entrar a la cibdad
e yo con los mios   posaré a San Serván.
Las mis compañas   esta noche llegarán,
terné vigilia   en aqueste santo logar,
cras mañana   entraré a la cibdad
e iré a la cort   enantes de yantar.—
Dixo el rey: —¡Plazme de veluntad!—
El rey don Alfonso   a Toledo entrado ha; [61v]
mio Cid Ruy Díaz   es posado en San Serván,
mandó fazer candelas   e poner en el altar,
sabor á de velar   en essa santidad,
al Criador rogando   e fablando en poridad.
Entre Minaya   e los buenos que ý ha
acordados fueron   cuando vino la man.

137

Matines e prima dixieron faza los albores,
suelta fue la missa antes que saliesse el sol
e su ofrenda han fecha muy buena e conplida.
—Vós, Minaya Álbar Fáñez, el mio braço mejor,
vós iredes comigo e el obispo don Jerónimo,
e Pero Vermúez e aqueste Muño Gustioz,
e Martín Antolínez, el burgalés de pro,
e Álbar Álbarez e Álbar Salvadórez,
e Martín Muñoz, que en buen punto nació,
e mio sobrino, Félez Muñoz,
comigo irá Malanda, que es bien sabidor,
e Galind Garcíez, el bueno d'Aragón,
con éstos cúmplanse ciento de los buenos que ý son;
velmezes vestidos por sufrir las guarnizones,
de suso las lorigas, tan blancas commo el sol;
sobre las lorigas armiños e pelliçones,
e que non parescan las armas, bien presos los cordones;
so los mantos las espadas, dulces e tajadores:
d'aquesta guisa quiero ir a la cort,
por demandar mios derechos e dezir mi razón. [62r]
Si desobra buscaren ifantes de Carrión,
do tales ciento tovier, bien seré sin pavor.—
Respondieron todos: —Nós esso queremos, señor.—
Assí commo lo á dicho, todos adobados son.
No·s' detiene por nada el que en buen ora nació,
calças de buen paño en sus camas metió,
sobr'ellas unos çapatos que a grant huebra son;
vistió camisa de rançal, tan blanca commo el sol,

con oro e con plata   todas las presas son,
al puño bien están,   ca él se lo mandó;
sobr'ella un brial   primo de ciclatón,
obrado es con oro,   parecen por o son;
sobr'esto una piel vermeja,   las bandas d'oro son,
siempre la viste   mio Cid el Campeador;
una cofia sobre los pelos   d'un escarín de pro,
con oro es obrada,   fecha por razón
que non le contalassen los pelos   al buen Cid Canpeador;
la barba avié luenga   e prísola con el cordón,
por tal lo faze esto   que recabdar quiere todo lo suyo;
de suso cubrió un manto   que es de grant valor,
en él abrién que ver   cuantos que ý son.
Con aquestos ciento   que adobar mandó,
apriessa cavalga,   de San Serván salió.
Assí iva mio Cid   adobado a lla cort,
a la puerta de fuera   descavalga a sabor,
cuerdamientre entra   mio Cid con todos los sos,
él va en medio   e los ciento aderredor. [62v]
Cuando lo vieron entrar   al que en buen ora nació,
levantós' en pie   el buen rey don Alfonso
e el conde don Anrich   e el conde don Remont,
e desí adelant,   sabet, todos los otros:
a grant ondra lo reciben   al que en buen ora nació.
No·s' quiso levantar   el Crespo de Grañón
nin todos los del bando   de ifantes de Carrión.
El rey dixo al Cid: —Venid acá ser, Campeador,
en aqueste escaño   que·m' diestes vós en don.
¡Maguer que a algunos pesa,   mejor sodes que nós!—
Essora dixo muchas mercedes   el que Valencia gañó:

—Sed en vuestro escaño   commo rey e señor,
acá posaré   con todos aquestos mios.—
Lo que dixo el Cid   al rey plogo de coraçón.
En un escaño torniño   essora mio Cid posó,
los ciento que l'aguardan   posan aderredor.
Catando están a mio Cid   cuantos ha en la cort,
a la barba que avié luenga   e presa con el cordón;
en sos aguisamientos   bien semeja varón.
No·l' pueden catar de vergüença   ifantes de Carrión.
Essora se levó en pie   el buen rey don Alfonso:
—¡Oíd, mesnadas,   sí vos vala el Criador!
Yo de que fu rey   non fiz más de dos cortes,
la una fue en Burgos   e la otra en Carrión,
e esta tercera   a Toledo la vin fer oy
por el amor de mio Cid,   el que en buen ora nació,
que reciba derecho   de ifantes de Carrión. [63r]
Grande tuerto le han tenido,   sabémoslo todos nós,
alcaldes sean d'esto   [................]
el conde don Anrich   e el conde don Remond
e estos otros condes   que del vando non sodes.
Todos meted ý mientes,   ca sodes coñoscedores,
por escoger el derecho,   ca tuerto non mando yo.
D'ella e d'ella part   en paz seamos oy;
juro par Sant Esidro,   el que bolviere mi cort
quitarme á el reino,   perderá mi amor.
Con el que toviere derecho,   yo d'essa parte me só.
Agora demande   mio Cid el Campeador,
sabremos qué responden   ifantes de Carrión.—
Mio Cid la mano besó al rey   e en pie se levantó:
—Mucho vos lo gradesco,   commo a rey e a señor,

por cuanto esta cort   fiziestes por mi amor.
Esto les demando   a ifantes de Carrión:
por mis fijas que·m' dexaron   yo non he desonor,
ca vós las casastes, rey,   sabredes qué fer oy;
mas cuando sacaron mis fijas   de Valencia la mayor,
yo bien los quería   d'alma e de coraçón,
diles dos espadas,   a Colada e a Tizón
(éstas yo las gané   a guisa de varón),
que s'ondrassen con ellas   e sirviessen a vós.
Cuando dexaron mis fijas   en el robredo de Corpes,
comigo non quisieron aver nada   e perdieron mi amor:
¡denme mis espadas   cuando mios yernos non son!—
Atorgan los alcaldes: —Tod esto es razón.— [63v]
Dixo el conde don García: —A esto fablemos nós.—
Essora salién aparte   ifantes de Carrión
con todos sus parientes   e el vando que ý son;
apriessa lo ivan trayendo   e acuerdan la razón:
—Aún grand amor nos faze   el Cid Campeador
cuando desondra de sus fijas   no nos demanda oy,
bien nos avendremos   con el rey don Alfonso.
Démosle sus espadas,   cuando assí finca la boz,
e cuando las toviere   partirse á la cort,
ya más non avrá derecho   de nós el Cid Canpeador.—
Con aquesta fabla   tornaron a la cort:
—¡Merced, ya rey don Alfonso,   sodes nuestro señor!
No lo podemos negar,   que dos espadas nos dio;
cuando las demanda   e d'ellas ha sabor,
dárgelas queremos   delant estando vós.—
Sacaron las espadas   Colada e Tizón,
pusiéronlas en mano   del rey so señor.

Saca las espadas e relumbra toda la cort,
las maçanas e los arriazes todos d'oro son,
maravíllanse d'ellas todos los omnes buenos de la cort.
Recibió el Cid las espadas, las manos le besó,
tornós' al escaño don se levantó,
en las manos las tiene e amas las cató,
no·s' le pueden camear, ca el Cid bien las coñosce,
alegrós'le todo el cuerpo, sonrisós de coraçón;
alçava la mano, a la barba se tomó:
—Par aquesta barba que nadi non messó,
assí s'irán vengando don Elvira e doña Sol.— [64r]
A so sobrino Pero Vermúez por nombre·l' llamó,
tendió el braço, la espada Tizón le dio:
—Prendetla, sobrino, ca mejora en señor.—
A Martín Antolínez, el burgalés de pro,
tendió el braço, el espada Colada·l' dio:
—Martín Antolínez, mio vassallo de pro,
prended a Colada, ganéla de buen señor,
del conde Remont Verenguel, de Barcilona la mayor;
por esso vos la dó, que la bien curiedes vós.
Sé que si vos acaeciere [................]
con ella ganaredes grand prez e grand valor.— 3197b
Besóle la mano, el espada tomó e recibió;
luego se levantó mio Cid el Campeador:
—¡Grado al Criador e a vós, rey e señor,
ya pagado só de mis espadas, de Colada e de Tizón!
Otra rencura he de ifantes de Carrión,
cuando sacaron de Valencia mis fijas amas a dos,
en oro e en plata tres mill marcos les di yo;
yo faziendo esto, ellos acabaron lo so:

¡denme mis averes,   cuando mios yernos non son!—
Aquí veriedes quexarse   ifantes de Carrión,
dize el conde don Remond: —¡Dezid de sí o de no!—
Essora responden   ifantes de Carrión:
—Por esso·l' diemos sus espadas   al Cid Campeador,
que ál no nos demandasse,   que aquí fincó la boz.—
—Si ploguiere al rey,   assí dezimos nós:
a lo que demanda el Cid,   que·l recudades vós.—
Dixo el buen rey: —Assí lo otorgo yo.— [64v]
Levantado es en pie   el Cid Campeador:
—D'estos averes   que vos di yo,
si me los dades,   o dedes d'ello raçón.— 3216b
Essora salién aparte   ifantes de Carrión,
non acuerdan en consejo,   ca los haveres grandes son,
espesos los han   ifantes de Carrión;
tornan con el consejo   e fablavan a so sabor:
—Mucho nos afinca   el que Valencia gañó
cuando de nuestros averes   assí·l' prende sabor.
Pagarle hemos de heredades   en tierras de Carrión.—
Dixieron los alcaldes,   cuando manfestados son:
—Si esso ploguiere al Cid,   non ge lo vedamos nós;
mas en nuestro juvizio   assí lo mandamos nós:
que aquí lo enterguedes   dentro en la cort.—
A estas palabras   fabló el rey don Alfonso:
—Nós bien la sabemos   aquesta razón,
que derecho demanda   el Cid Campeador.
D'estos tres mill marcos   los dozientos tengo yo,
entramos me los dieron   los ifantes de Carrión.
Tornárgelos quiero,   ca tan desfechos son,
enterguen a mio Cid,   el que en buen ora nació.

Cuando ellos los an a pechar,   non ge los quiero yo.—
Fabló Ferrán Gonçález   e dixo esta razón:
—Averes monedados   non tenemos nós.— 3236b
Luego respondió   el conde don Remond:
—El oro e la plata   espendiésteslo vós.
Por juvizio lo damos   ant'el rey don Alfonso:
páguenle en apreciadura   e préndalo el Campeador.—
Ya vieron qué es a fer   los ifantes de Carrión.
Veriedes aduzir   tanto cavallo corredor, [65r]
tanta gruessa mula,   tanto palafré de sazón,
tanta buena espada   con toda guarnizón;
recibiólo mio Cid   commo apreciaron en la cort.
Sobre los dozientos marcos   que tenié el rey Alfonso
pagaron los ifantes   al que en buen ora nació;
enpréstanles de lo ageno,   que non les cumple lo suyo.
Mal escapan jogados,   sabed, d'esta razón.

138

Estas apreciaduras   mio Cid presas las ha,
sos omnes las tienen   e d'ellas pensarán;
mas cuando esto ovo acabado   pensaron luego d'ál:
—¡Merced, ya rey e señor,   por amor de caridad!
La rencura mayor   non se me puede olbidar;
oídme toda la cort   e pésevos de mio mal;
los ifantes de Carrión,   que·m' desondraron tan mal,
a menos de riebtos   no los puedo dexar.

139

Dezid, ¿qué vos merecí,   ifantes de Carrión,
en juego o en vero   o en alguna razón?
Aquí lo mejoraré   a juvizio de la cort.
¿A qué·m' descubriestes   las telas del coraçón?
A la salida de Valencia   mis fijas vos di yo
con muy grand ondra   e averes a nombre.
Cuando las non queriedes,   ya canes traidores,
¿por qué las sacávades   de Valencia, sus honores?
¿A qué las firiestes   a cinchas e a espolones?
Solas las dexastes   en el robredo de Corpes,
a las bestias fieras   e a las aves del mont.
¡Por cuanto les fiziestes,   menos valedes vós!
Si non recudedes,   véalo esta cort.— [65v]

140

El conde don García   en pie se levantava:
—¡Merced, ya rey,   el mejor de toda España!
Vezós' mio Cid   a llas cortes pregonadas.
Dexóla crecer   e luenga trae la barba,
los unos le han miedo   e los otros espanta.
Los de Carrión   son de natura tal,
non ge las devién querer   sus fijas por varraganas
o ¿quién ge las diera   por parejas o por veladas?
Derecho fizieron   porque las han dexadas,
cuanto él dize   non ge lo preciamos nada.—
Essora el Campeador   prísos' a la barba:

—¡Grado a Dios, que cielo e tierra manda!
Por esso es luenga, que a delicio fue criada.
¿Qué avedes vós, conde, por retraer la mi barba?
Ca de cuando nasco a delicio fue criada,
ca non me priso a ella fijo de mugier nada
nimbla messó fijo de moro nin de cristiana,
commo yo a vós, conde, en el castiello de Cabra,
cuando pris a Cabra e a vós por la barba.
Non ý ovo rapaz que non messó su pulgada,
la que yo messé aún non es eguada.—

141

Ferrán Gonçález en pie se levantó,
a altas vozes odredes qué fabló:
—¡Dexássedes vós, Cid, de aquesta razón!
De vuestros averes de todos pagado sodes;
non creciés varaja entre nós e vós.
De natura somos de condes de Carrión, [66r]
deviemos casar con fijas de reyes o de enperadores,
ca non pertenecién fijas de ifançones;
porque las dexamos derecho fiziemos nós,
más nos preciamos, sabet, que menos no.—

142

Mio Cid Ruy Díaz a Pero Vermúez cata:
—¡Fabla, Pero mudo, varón que tanto callas!

Yo las he fijas   e tú primas cormanas,
a mí lo dizen,   a ti dan las orejadas.
Si yo respondier,   tú non entrarás en armas.—

143

Pero Vermúez   conpeçó de fablar,
detiénes'le la lengua,   non puede delibrar,
mas cuando enpieça,   sabed, no·l' da vagar:
—Dirévos, Cid,   costunbres avedes tales,
siempre en las cortes   Pero mudo me llamades;
bien lo sabedes,   que yo non puedo más,
por lo que yo ovier a fer   por mí non mancará.
¡Mientes, Ferrando,   de cuanto dicho has:
por el Campeador   mucho valiestes más!
Las tus mañas   yo te las sabré contar.
Miémbrat' cuando lidiamos   cerca Valencia la grand:
pedist las feridas primeras   al Canpeador leal,
vist un moro,   fústel' ensayar,
antes fuxiste   que a él te allegasses.
Si yo non uviás,   el moro te jugara mal;
passé por ti,   con el moro me of de ayuntar,
de los primeros colpes   ofle de arrancar.
Did' el cavallo,   tóveldo en poridad,
fasta este día   no lo descubrí a nadi.
Delant mio Cid e delante todos   ovístete de alabar   [66v]
que mataras el moro   e que fizieras barnax;
croviérontelo todos,   mas non saben la verdad,
e eres fermoso,   mas mal varragán,
¡Lengua sin manos,   cuémo osas fablar!

144

Di, Ferrando, otorga esta razón:
¿non te viene en miente en Valencia lo del león,
cuando durmié mio Cid e el león se desató?
E tú, Ferrando, ¿qué fizist con el pavor?
Metístet' tras el escaño de mio Cid el Campeador,
metístet', Ferrando, por o menos vales oy.
Nós cercamos el escaño por curiar nuestro señor,
fasta do despertó mio Cid, el que Valencia gañó;
levantós' del escaño e fues' pora'l león,
el león premió la cabeça, a mio Cid esperó,
dexós'le prender al cuello e a la red le metió.
Cuando se tornó el buen Campeador,
a sos vassallos violos aderredor,
demandó por sus yernos, ninguno non falló.
¡Riébtot' el cuerpo por malo e por traidor,
esto·t' lidiaré aquí ant'el rey don Alfonso!
Por fijas del Cid, don Elvira e doña Sol,
por cuanto las dexastes menos valedes vós.
Ellas son mugieres e vós sodes varones,
en todas guisas más valen que vós.
Cuando fuere la lid, si ploguiere al Criador,
tú lo otorgarás a guisa de traidor; [67r]
de cuanto he dicho verdadero seré yo.—
D'aquestos amos aquí quedó la razón.

145

Diego Gonçález   odredes lo que dixo:
—De natura somos   de los condes más linpios,
estos casamientos   non fuessen aparecidos,
por consagrar   con mio Cid don Rodrigo.
Porque dexamos sus fijas   aún no nos repentimos;
mientra que bivan   pueden aver sospiros,
lo que les fiziemos   serles ha retraído.
¡Esto lidiaré   a tod el más ardido:
que porque las dexamos   ondrados somos nós!—

146

Martín Antolínez   en pie se va levantar:
—¡Calla, alevoso,   boca sin verdad!
Lo del león   non se te deve olbidar:
saliste por la puerta,   metístet' al corral,
fústed' meter   tras la viga lagar,
más non vestist   el manto nin el brial.
Yo·l' lo lidiaré,   non passará por ál:
fijas del Cid,   porque las vós dexastes,
en todas guisas,   sabed que más que vós valen.
¡Al partir de la lid,   por tu boca lo dirás,
que eres traidor e mintist   de cuanto dicho has!—
D'estos amos   la razón fincado ha.

147

Asur Gonçález   entrava por el palacio,
manto armiño   e un brial rastrando,
vermejo viene,   ca era almorzado,
en lo que fabló   avié poco recabdo: [67v]

148

—¡Ya varones!   ¿quién vio nunca tal mal?
¿Quién nos darié nuevas   de mio Cid el de Bivar?
Fuesse a río d'Ovirna   los molinos picar
e prender maquilas,   commo lo suele far.
¿Quí·l' darié   con los de Carrión a casar?—

149

Essora Muño Gustioz   en pie se levantó:
—¡Calla, alevoso,   malo e traidor!
Antes almuerzas   que vayas a oración,
a los que das paz   fártaslos aderredor.
Non dizes verdad   a amigo ni a señor,
falso a todos   e más al Criador,
en tu amistad   non quiero aver ración.
¡Fazértelo he dezir,   que tal eres cual digo yo!—
Dixo el rey Alfonso: —¡Calle ya esta razón!
Los que an rebtado   lidiarán, sí·n' salve Dios.—
Assí commo acaban   esta razón,
afé dos cavalleros   entraron por la cort,
al uno dizen Oiarra   e al otro Yéñego Simenoz,

el uno es del ifante de Navarra   e el otro del ifante de Aragón,
besan las manos   al rey don Alfonso,
piden sus fijas   a mio Cid el Campeador
por ser reinas   de Navarra e de Aragón,
e que ge las diessen   a ondra e a bendición.
A esto callaron   e ascuchó toda la cort, [68r]
levantós' en pie   mio Cid el Campeador:
—¡Merced, rey Alfonso,   vós sodes mio señor!
Esto gradesco   yo al Criador,
cuando me las demandan   de Navarra e de Aragón.
Vós las casastes antes,   ca yo non;
afé mis fijas   en vuestras manos son,
sin vuestro mandado   nada non feré yo.—
Levantós el rey,   fizo callar la cort:
—Ruégovos, Cid,   caboso Campeador,
que plega a vós,   e atorgarlo he yo.
Este casamiento   oy se otorgue en esta cort,
ca crécevos ý ondra   e tierra e onor.—
Levantós' mio Cid, al rey   las manos le besó:
—Cuando a vós plaze,   otórgolo yo, señor.—
Essora dixo el rey: —¡Dios vos dé den buen galardón!
A vós, Oiarra,   e a vós, Yéñego Ximenoz,
este casamiento   otórgovosle yo
de fijas de mio Cid,   don Elvira e doña Sol,
pora los ifantes   de Navarra e de Aragón,
que vos las dé   a ondra e a bendición.—
Levantós' en pie Oiarra   e Yéñego Ximenoz,
besáron las manos   del rey don Alfonso
e después   de mio Cid el Campeador.
Metieron las fes   e los omenajes dados son

que, cuemo es dicho,   assí sea o mejor.
A muchos plaze   de tod esta cort, [68v]
mas non plaze   a los ifantes de Carrión.
Minaya Álbar Fáñez   en pie se levantó:
—¡Merced vos pido,   commo a rey e a señor,
e que non pese esto   al Cid Campeador!
Bien vos di vagar   en toda esta cort,
dezir querría   yacuanto de lo mio.—
Dixo el rey: —Plazme de coraçón,
dezid, Minaya,   lo que oviéredes sabor.—
—Yo vos ruego   que me oyades toda la cort,
ca grand rencura he   de ifantes de Carrión.
Yo les di mis primas   por mandado del rey Alfonso,
ellos las prisieron   a ondra e a bendición;
grandes averes les dio   mio Cid el Campeador.
Ellos las han dexadas   a pesar de nós:
¡riébtoles los cuerpos   por malos e por traidores!
De natura sodes   de los de Vanigómez,
onde salién condes   de prez e de valor,
mas bien sabemos   las mañas que ellos han oy.
Esto gradesco   yo al Criador,
cuando piden mis primas   don Elvira e doña Sol
los ifantes   de Navarra e de Aragón.
Antes las aviedes parejas   pora en braços amas a dos,
agora besaredes sus manos   e llamarlas hedes señoras,
averlas hedes a servir   mal que vos pese a vós.
Grado a Dios del cielo   e a aquel rey don Alfonso,
así·l' crece la ondra   a mio Cid el Campeador. [69r]
En todas guisas   tales sodes cuales digo yo;
si ay qui responda   o dize de no,

yo só Álbar Fáñez,   pora tod el mejor.—
Gómez Peláyet   en pie se levantó:
—¿Qué val, Minaya,   toda essa razón?
Ca en esta cort   afartos ha pora vós,
e qui ál quisiesse,   serié su ocasión.
Si Dios quisiere que d'ésta   bien salgamos nós,
después veredes   qué dixiestes o qué no.—
Dixo el rey: —¡Fine esta razón!
Non diga ninguno   d'ella más una entención.
Cras sea la lid,   cuando saliere el sol,
d'estos tres por tres   que rebtaron en la cort.—
Luego fablaron   ifantes de Carrión:
—Dandos, rey, plazo,   ca cras ser non puede.
Armas e cavallos   tienen los del Canpeador,
nós antes abremos a ir   a tierras de Carrión.—
Fabló el rey   contra·l' Campeador:
—Sea esta lid   o mandáredes vós.—
En essora dixo mio Cid: —No lo faré, señor.
Más quiero a Valencia   que tierras de Carrión.—
En essora dixo el rey: —A osadas, Campeador.
Dadme vuestros cavalleros   con todas vuestras guarnizones,
vayan comigo,   yo seré el curiador,
yo vos lo sobrelievo   commo a buen vassallo faze señor,
que non prendan fuerça   de conde nin de ifançón.
Aquí les pongo plazo   de dentro en mi cort,   [69v]
a cabo de tres semanas   en begas de Carrión
que fagan esta lid   delant estando yo.
Quien non viniere al plazo,   pierda la razón,
desí sea vencido   e escape por traidor.—
Prisieron el juizio   ifantes de Carrión.

Mio Cid al rey   las manos le besó
e dixo: —Plazme, señor.   3486b
Estos mis tres cavalleros   en vuestra mano son,
d'aquí vos los acomiendo   como a rey e a señor.
Ellos son adobados   pora cumplir todo lo so,
¡ondrados me los enviad a Valencia,   por amor del Criador!—
Essora respuso el rey: —¡Assí lo mande Dios!—
Allí se tollió el capiello   el Cid Campeador,
la cofia de rançal,   que blanca era commo el sol,
e soltava la barba   e sacóla del cordón;
no·s' fartan de catarle   cuantos ha en la cort.
Adeliñó al conde don Anrich   e al conde don Remond,
abraçólos tan bien   e ruégalos de coraçón
que prendan de sus averes   cuanto ovieren sabor.
A éssos e a los otros   que de buena parte son
a todos los rogava   assí commo han sabor;
tales ý á que prenden,   tales ý á que non.
Los dozientos marcos   al rey los soltó,
de lo ál tanto priso   cuant ovo sabor.
—¡Merced vos pido, rey,   por amor del Criador!
Cuando todas estas nuevas   assí puestas son,
beso vuestras manos   con vuestra gracia, señor,
e irme quiero pora Valencia,   con afán la gané yo.—
[................]

150

El rey alçó la mano,   la cara se santigó: [70r]
—¡Yo lo juro   par Sant Esidro el de León

que en todas nuestras tierras   non ha tan buen varón!—
Mio Cid en el cavallo   adelant se llegó,
fue besar la mano   a so señor Alfonso:
—Mandástesme mover   a Bavieca el corredor,
en moros nin en cristianos   otro tal non ha oy.
Yo vos le dó en don,   mandédesle tomar, señor.—
Essora dixo el rey: —D'esto non he sabor.
Si a vós le tolliés, el cavallo   non havrié tan buen señor,
mas atal cavallo cum ést   pora tal commo vós,
pora arrancar moros del canpo   e ser segudador;
quien vos lo toller quisiere,   no·l' vala el Criador,
ca por vós e por el cavallo   ondrados somos nós.—
Essora se espidieron   e luego·s' partió la cort.
El Campeador a los que han lidiar   tan bien los castigó:
—Ya Martín Antolínez,   el burgalés de pro,
e vós, Pero Vermúez,   e Muño Gustioz,
firmes sed en campo   a guisa de varones.
Buenos mandados me vayan   a Valencia de vós.—
Dixo Martín Antolínez: —¿Por qué lo dezides, señor?
Preso avemos el debdo   e a passar es por nós;
podedes oír de muertos,   ca de vencidos no.—
Alegre fue d'aquesto   el que en buen ora nació,
espidiós' de todos   los que sos amigos son,
mio Cid pora Valencia   e el rey pora Carrión.
Las tres semanas de plazo   todas complidas son. [70v]
Felos al plazo   los del Campeador,
cunplir quieren el debdo   que les mandó so señor;
ellos son en poder del rey   don Alfonso el de León,
dos días atendieron   a ifantes de Carrión.
Mucho vienen bien adobados   de cavallos e de guarnizones,

e todos sus parientes con ellos son,
que si los pudiessen apartar a los del Campeador,
que los matassen en campo por desondra de so señor.
El cometer fue malo, que lo ál no s'enpeçó,
ca grand miedo ovieron a Alfonso el de León.
De noche belaron las armas e rogaron al Criador.
Trocida es la noche, ya quiebran los albores.
Muchos se juntaron de buenos ricos omnes
por ver esta lid, ca avién ende sabor.
Demás sobre todos ý es el rey don Alfonso,
por querer el derecho e non consentir el tuerto.
Ya·s' metién en armas los del buen Campeador,
todos tres se acuerdan, ca son de un señor.
En otro logar se arman los ifantes de Carrión,
sediélos castigando el conde Garcí Ordóñez.
Andidieron en pleito, dixiéronlo al rey Alfonso,
que non fuessen en la batalla Colada e Tizón,
que non lidiassen con ellas los del Canpeador.
Mucho eran repentidos los ifantes por cuanto dadas son.
Dixiérongelo al rey, mas non ge lo conloyó:
—Non sacastes ninguna cuando oviemos la cort;
si buenas las tenedes, pro avrán a vós, [71r]
otrosí farán a los del Canpeador.
Levad y salid al campo, ifantes de Carrión,
huebos vos es que lidiedes a guisa de varones,
que nada non mancará por los del Campeador.
Si del campo bien salides, grand ondra avredes vós,
e si fuéredes vencidos, non rebtedes a nós,
ca todos lo saben que lo buscastes vós.—
Ya se van repintiendo ifantes de Carrión,

de lo que avién fecho   mucho repisos son,
no lo querrién aver fecho   por cuanto ha en Carrión.
Todos tres son armados   los del Campeador;
ívalos ver   el rey don Alfonso,
dixieron   los del Campeador:
—Besámosvos las manos   commo a rey e a señor
que fiel seades oy   d'ellos e de nós;
a derecho nos valed,   a ningún tuerto no.
Aquí tienen su vando   los ifantes de Carrión,
non sabemos qué·s' comidrán   ellos, o qué non.
En vuestra mano   nos metió nuestro señor,
¡tenendos a derecho,   por amor del Criador!—
Essora dixo el rey: —¡D'alma e de coraçón!—
Adúzenles los cavallos,   buenos e corredores;
santiguaron las siellas   e cavalgan a vigor,
los escudos a los cuellos   que bien blocados son,
en mano prenden las astas   de los fierros tajadores, [71v]
estas tres lanças   tienen seños pendones;
e derredor d'ellos   muchos buenos varones.
Ya salieron al campo   do eran los mojones.
Todos tres son acordados   los del Campeador
que cada uno d'ellos   bien fos ferir el so.
Fevos de la otra part   los ifantes de Carrión,
muy bien aconpañados,   ca muchos parientes son.
El rey dioles fieles   por dezir el derecho e ál non,
que non varagen con ellos   de sí o de non.
Do sedién en el campo   fabló el rey don Alfonso:
—Oíd qué vos digo,   ifantes de Carrión:
esta lid en Toledo la fiziérades,   mas non quisiestes vós.
Estos tres cavalleros   de mio Cid el Campeador

yo los adux a salvo   a tierras de Carrión.
Aved vuestro derecho,   tuerto non querades vós,
ca qui tuerto quisiere fazer,   mal ge lo vedaré yo,
en todo mio reino   non avrá buena sabor.—
Ya les va pesando   a los ifantes de Carrión.
Los fieles e el rey   enseñaron los mojones,
librávanse del campo   todos aderredor,
bien ge lo demostraron   a todos seis commo son,
que por ý serié vencido   qui saliesse del mojón.
Todas las gentes   esconbraron aderredor,
más de seis astas de lanças   que non llegassen al mojón.
Sorteávanles el campo,   ya les partién el sol,
salién los fieles de medio,   ellos cara por cara son.
Desí vinién los de mio Cid   a los ifantes de Carrión, [72r]
e llos ifantes de Carrión   a los del Campeador;
cada uno d'ellos   mientes tiene al so.
Abraçan los escudos   delant los coraçones,
abaxan las lanças   abueltas con los pendones,
enclinavan las caras   sobre los arçones,
batién los cavallos   con los espolones.
Tembrar querié la tierra   dond eran movedores.
Cada uno d'ellos   mientes tiene al so,
todos tres por tres   ya juntados son;
cuédanse que essora cadrán muertos   los que están aderredor.
Pero Vermúez,   el que antes rebtó,
con Ferrán Gonçález   de cara se juntó,
firiénse en los escudos   sin todo pavor.
Ferrán Gonçález a Pero Vermúez   el escudo·l' passó,
prísol' en vazío,   en carne no·l' tomó,
bien en dos logares   el astil le quebró.

Firme estido Pero Vermúez,   por esso no s'encamó,
un colpe recibiera,   mas otro firió,
quebrantó la bloca del escudo,   apart ge la echó,
passógelo todo,   que nada no·l' valió,
metiól' la lança por los pechos,   que nada no·l' valió.
Tres dobles de loriga   tenié Fernando, aquésto·l' prestó,
las dos le desmanchan   e la tercera fincó.
El belmez con la camisa   e con la guarnizón
de dentro en la carne   una mano ge la metió,
por la boca afuera   la sangre·l' salió.
Quebráronle las cinchas,   ninguna no l'ovo pro; [72v]
por la copla del cavallo   en tierra lo echó,
assí lo tenién las yentes   que mal ferido es de muert.
Él dexó la lança   e mano al espada metió;
cuando lo vio Ferrán Gonçález,   conuvo a Tizón,
antes qu'el colpe esperasse   dixo: —¡Vençudo só!—
Atorgárongelo los fieles,   Pero Vermúez le dexó.

151

Martín Antolínez e Dia Gonçález   firiéronse de las lanças,
tales fueron los colpes   que les quebraron amas.
Martín Antolínez   mano metió al espada
(relumbra tod el campo,   tanto es linpia e clara),
diol' un colpe,   de traviesso·l' tomava,
el casco de somo   apart ge lo echava,
las moncluras del yelmo   todas ge las cortava,
allá llevó el almófar,   fata la cofia llegava,
la cofia e el almófar   todo ge lo levava,

ráxol' los pelos de la cabeça, bien a la carne llegava,
lo uno cayó en el campo e lo ál suso fincava.
Cuando este colpe á ferido Colada la preciada,
vio Diego Gonçález que no escaparié con el alma.
Bolvió la rienda al cavallo por tornarse de cara;
essora Martín Antolínez recibiól' con el espada,
un colpe·l' dio de llano, con lo agudo no·l' tomava.
Dia Gonçález espada tiene en mano, mas no la ensayava,
esora el ifante tan grandes vozes dava: [73r]
—¡Valme, Dios, glorioso señor, e cúriam' d'este espada!—
El cavallo asorrienda e, mesurándol' del espada,
sacól' del mojón [................]
Martín Antolínez en el campo fincava.
Essora dixo el rey: —Venid vós a mi compaña.
Por cuanto avedes fecho, vencida avedes la batalla.—
Otórgangelo los fieles, que dize verdadera palabra.

152

Los dos han arrancado, dirévos de Muño Gustioz
con Assur Gonçález cómmo se adobó.
Fiérense en los escudos unos tan grandes colpes.
Assur Gonçález, furçudo e de valor,
firió en el escudo a don Muño Gustioz,
tras el escudo falsóle la guarnizón,
en vazío fue la lança, ca en carne no·l' tomó.
Este colpe fecho, otro dio Muño Gustioz,
tras el escudo, falsóle la guarnizón:
por medio de la bloca el escudo·l' quebrantó,

no·l' pudo guarir, falsóle la guarnizón,
a part le priso, que non cab'el coraçón,
metio·l' por la carne adentro la lança con el pendón,
de la otra part una braça ge la echó,
con él dio una tuerta, de la siella lo encamó,
al tirar de la lança en tierra lo echó,
vermejo salió el astil e la lança e el pendón:
todos se cuedan que ferido es de muert.
La lança recombró e sobr'él se paró;
dixo Gonçalo Assúrez: —¡No·l' firgades, por Dios! [73v]
¡Vençudo es el campo cuando esto se acabó!—
Dixieron los fieles: —Esto oímos nós.—
Mandó librar el canpo el buen rey don Alfonso,
las armas que ý rastaron él se las tomó.
Por ondrados se parten los del buen Campeador,
vencieron esta lid grado al Criador;
grandes son los pesares por tierras de Carrión.
El rey a los de mio Cid de noche los enbió,
que no les diessen salto nin oviessen pavor.
A guisa de menbrados, andan días e noches,
felos en Valencia con mio Cid el Campeador,
por malos los dexaron a los ifantes de Carrión,
conplido han el debdo que les mandó so señor;
alegre fue d'aquesto mio Cid el Campeador.
Grant es la biltança de ifantes de Carrión:
qui buena dueña escarnece e la dexa después
atal le contesca o siquier peor.
Dexémonos de pleitos de ifantes de Carrión,
de lo que an preso mucho an mal sabor;
fablemos nós d'aqueste que en buen ora nació:

grandes son los gozos   en Valencia la mayor
porque tan ondrados fueron   los del Canpeador.
Prísos' a la barba   Ruy Díaz, so señor:
—¡Grado al rey del cielo,   mis fijas vengadas son, [74r]
agora las ayan quitas   heredades de Carrión!
¡Sin vergüença las casaré,   o a qui pese o a qui non!—
Andidieron en pleitos   los de Navarra e de Aragón,
ovieron su ajunta   con Alfonso el de León,
fizieron sus casamientos   con don Elvira e con doña Sol.
Los primeros fueron grandes,   mas aquestos son mijores,
a mayor ondra las casa   que lo que primero fue.
¡Ved cuál ondra crece   al que en buen ora nació
cuando señoras son sus fijas   de Navarra e de Aragón!
Oy los reyes d'España   sos parientes son,
a todos alcança ondra   por el que en buen ora nació.
Passado es d'este sieglo   mio Cid el Campeador
el día de cincuaesma,   ¡de Christus aya perdón!
Assí fagamos nós todos,   justos e pecadores.
Éstas son las nuevas   de mio Cid el Canpeador,
en este logar   se acaba esta razón.

Quien escrivió este libro   dél' Dios paraíso,   ¡amén!
Per Abbat le escrivió   en el mes de mayo
en era de mill e dozientos   cuaraenta e cinco años.

E el romanz es leído,
datnos del vino; 3734b
si non tenedes dineros, 3734c
echad allá unos peños, 3735
que bien nos lo darán sobr'ellos. 3735b

Romances del Cid
Antología

El romancero

En español medieval, la palabra *romance* se empleó para referirse a diversos tipos de composiciones en verso. Por ejemplo, el colofón del recitador del *Cantar de mio Cid* dice «El romance es leído». Sin embargo, a partir del siglo XV se aplicó específicamente a un tipo de poema compuesto por versos octosílabos con rima asonante en lo pares. El ejemplo más antiguo de romance hoy conocido es una versión (en castellano catalanizado) del romance de *La dama y el pastor*, transcrita por el estudiante Jaume d'Olesa en Italia hacia 1425. Este texto, entre erótico e irónico, revela que el romancero pertenece al ámbito de la llamada balada paneuropea, un tipo de poesía de condición épico-lírica en metros breves, desarrollada –con variantes y acomodos locales– en toda Europa, desde Rusia hasta Irlanda y desde la Península Escandinava a la Ibérica.

Aunque el romance está documentado desde principios del siglo XV, posiblemente existiese ya a finales del XIV. A menudo es difícil establecer una cronología segura y, por tanto, hay problemas de adscripción, en líneas generales, la producción romancística medieval y moderna puede adscribirse a alguno de estos cinco grupos:

1) *Romances viejos:* los de transmisión tradicional compuestos desde, presumiblemente, fines del siglo XIV hasta principios del siglo XVI, recogidos por escrito a

partir de la tradición oral viva en la primera mitad de dicho siglo. Parte de esos romances ofrecen episodios retomados de los cantares de gesta o, al menos, inspirados en ellos.

2) *Romances trovadorescos:* los compuestos, mediante imitación o refundición de los viejos, por los poetas cortesanos de fines del siglo XV o muy principios del silgo XVI (suelen tener rima consonante).

3) *Romances novelescos:* los de nueva creación, realizados a lo largo del siglo XVI, bien de libre invención, bien inspirados en romances viejos o en otro material narrativo preexistente (por ejemplo, de tipo legendario, hagiográfico o mitológico). Se basan muy libremente en el estilo del romancero viejo.

4) *Romances cronísticos:* los elaborados a partir de los relatos contenidos en las crónicas generales y particulares de origen medieval, en especial *Las quatro partes enteras de la Crónica de España, una reelaboración de la Estoria de España de Alfonso X el Sabio* editada en 1541 por Florián de Ocampo, cronista de Carlos V. Los romances de este tipo conservan algunas expresiones del romancero viejo, pero están muy apegados a la letra de sus fuentes.

5) *Romances nuevos:* los compuestos por los poetas áureos a partir del último cuarto del siglo XVI, a menudo con temática completamente renovada (con subgéneros como el pastoril, el morisco, el de cautivos, las jácaras, etcétera). Desarrollan un estilo propio y la aparición de recursos propios del romancero viejo es ya completamente ocasional.

En el caso cidiano, solo un pequeño número son romances viejos. Algunos recrean episodios de las *Mocedades*, sobre todo las «Quejas de doña Jimena», el momento en que la huérfana acude a pedir justicia entre el rey Fernando. Otros presentan escenas del *Cantar el rey don Sancho*, reducido al cerco de Zamora, del que retoman sobre todo el asesinato del rey y el reto a los zamoranos. Uno de los más extensos y famosos es una versión de *La jura en Santa Gadea* que enlaza directamente el juramento de Alfonso con el destierro de Rodrigo. En relación con el *Mio Cid* se halla únicamente una versión muy reelaborada de la persecución del rey Bucar junto a Valencia.

En cambio, la materia cidiana está ampliamente representada en el romancero cronístico, cuyas fuentes principales son las conocidas como *Crónica popular del Cid* (impresa por primera vez en Sevilla en 1498) y la *Crónica particular del Cid* (cuya primera edición se estampó en Burgos en 1512). A medio camino entre el romancero cronístico y el novelesco se encuentra el conjunto de romances dedicados a la «Historia zamorana», incluida por Lucas Rodríguez en su *Romancero historiado* (1581). Puramente novelescos de libre invención son los romances galantes sobre el embarazo de doña Jimena (algunos en forma de quejosas cartas a su esposo, ausente en la guerra) o los que narran el enfrentamiento del Cid con el moro Audalla. Finalmenre, existen también algunos romances nuevos, en especial recreaciones burlescas, como la del episodio del león debida a la pluma de Francisco de Quevedo.

La relación entre Rodrigo y Jimena tiene un comienzo complicado, porque Rodrigo había matado en un duelo al padre de Jimena, el conde Lozano, por haber insultado y abofeteado al padre del Cid, Diego Laínez. Al ser don Diego demasiado anciano para salir por sí mismo en defensa de su honra, le correspondió al joven Cid limpiar el honor de su familia.

El Cid piensa en su venganza

Pensativo estaba el Cid,
viéndose de pocos años
para vengar a su padre,
matando al conde Lozano;
miraba el bando temido
del poderoso contrario
que tenía en las montañas
mil amigos asturianos;
miraba cómo en la corte
de ese buen rey don Fernando
era su voto el primero,
y, en guerra, el mejor su brazo;
todo le parece poco
respecto de aquel agravio,
el primero que se ha hecho
a la sangre de Laín Calvo;
al cielo pide justicia,
a la tierra pide campo,
al viejo padre, licencia,
y a la honra, esfuerzo y brazo.
No cura de su niñez,

que en naciendo está obligado
a morir por casos de honra
el hijo del fijodalgo.
Descolgó una espada vieja
de Mudarra el castellano,
que estaba toda mohosa,
por la muerte de su amo.
Y pensando que ella sola
bastaba para descargo,
antes que se la. ciñese
asi le dice turbado:
«Faz cuenta, valiente espada,
que es de Mudarra mi brazo
y que con su brazo riñes,
porque suyo es el agravio.
Bien sé ser que te correrás
de verte así en la mi mano,
mas no te podrás correr
de volver atrás un paso.
Tan fuerte como tu acero
me verás en campo armado;
tan bueno como el primero,
segundo dueño has cobrado;
y cuando alguno te venza,
del torpe fecho enojado,
hasta la cruz en mi pecho
te esconderé muy airado.
¡Vamos al campo, que es hora
de dar al conde Lozano
el castigo que merece

tan infame lengua y mano!»
Determinado va el Cid
y va tan determinado,
que en espacio de una hora
mató al conde y fue vengado.

Jimena pide justicia al rey

Tras la muerte de su padre, Jimena se presenta en la corte para reclamar justicia, con poco éxito.

Grande rumor se levanta
de gritos, armas y voces
en el palacio de Burgos,
donde son los ricoshomes.
Bajó el rey de su aposento
y con él toda la corte.
y a las puertas del palacio
hallan a Jimena Gómez,
desmelenado el cabello,
llorando a su padre el conde;
y a Rodrigo de Vivar
ensangrentado el estoque.
Vieron al soberbio mozo
el rostro airado que pone,
de doña Jimena oyendo
lo que dicen sus clamores:
«¡Justicia, buen rey, te pido
y venganza de traidores;
así se logren tus fijos
y de sus fazañas goces,
que aquel que no la mantiene
de rey no merece el nombre,
nin comer pan en manteles,
nin que le sirvan los nobles!

Mira, buen rey, que desciendo
de aquellos claros varones
que a Pelayo defendieron
con castellanos pendones.
Y, cuando no fuera así,
tu brazo ha de ser conforme,
dando venganza a los chicos
con rigor de los mayores
¡Y tú, matador rabioso,
tu espada sangrienta corre
por esta humilde garganta
sujeta a tu duro golpe!
¡Mátame, traidor, á mí,
no por mujer me perdones!
Mira que pide justicia
contra ti Jimena Gomez;
pues mataste un caballero
el mejor de los mejores,
la defensa de la fe,
temor de los Almanzores.
No es mucho, rapaz villano,
que te afrente y te deshonre;
la muerte, traidor, te pido,
no me la niegues ni estorbes».
En esto, viendo Jimena
que Rodrigo no responde,
y que tomando las riendas
en su caballo se pone,
el rostro volviendo a todos,
por obligalles da voces,
y, viendo que no le siguen,
grita: «¡Venganza, señores!»

Jimena hace una propuesta

Jimena vueleve a quejarse ante el rey, pero esta vez realiza una sorprendente propuesta de desagravio.

En Burgos está el buen rey
asentado a su yantar,
cuando la Jimena Gómez
se le vino a querellar;
cubierta paños de luto,
tocas de negro cendal;
las rodillas por el suelo,
comenzara de fablar:
«Con mancilla vivo, rey;
con ella vive mí madre;
cada día que amanece
veo quien mató mi padre,
caballero en un caballo
y en su mano un gavilán;
por facerme mas despecho,
cébalo en mi palomar;
mátame mis palomillas
criadas y por criar,
la sangre que de ellas sale
teñido me ha mi brial.
Enviéselo a decir,
envióme a amenazar.
¡Hacedme, buen rey, justicia,

no me la queráis negar!
Rey que non face justicia
non debía de reinar,
ni cabalgar en caballo,
ni con la reina holgar,
mi comer pan en manteles,
mi ménos armas se armar».
El rey cuando aquesto oyera
empezara de pensar:
«Si yo prendo o mato al Cid,
mis cortes revolverse han;
pues, si lo dejo de hacer,
Dios me lo demandará».
Allí habló doña Jimena
palabras bien de notar;
«Yo te lo diré, buen rey,
cómo lo has de remediar.
que me lo dés por marido,
con él me quieras casar,
que quien tanto mal me hizo
quizá algun bien me hará!»
El rey, vista la presente,
el Cid envió a llamar,
que venga sobre seguro
que lo quiere perdonar.

Otra versión de este romance acaba de un modo distinto, que permite enlazar con el siguiente:

«Ten tú las tus cortes, Rey,
no te las revuelva nadie,
y al que mató a mi padre
dámelo tú por igual,
que quien tanto mal me hizo
sé que algun bien me hará».
Entonces dijera el rey,
bien oireis lo que dirá:
«Siempre lo oí decir
y agora veo que es verdad,
que el seso de las mujeres
que non era natural:
hasta aquí pidió justicia,
ya quiere con él casa.
Yo lo haré de muy buen grado,
de muy buena voluntad.
Mandarle quiero una carta,
mandarle quiero llamar».
Las palabras no son dichas,
la carta camino va,
mensajero que la lleva
dado la había á su padre.
«Malas mañas habeis, conde;
no os las puedo yo quitar,
que cartas que el rey os manda
no me las querais mostrar».
«No era nada, mi fijo,
sino que vades allá,
quedaos vos aquí, mio fijo,
yo iré en vuestro lugar».

El Cid y su padre se presentan ante al rey

Llamado a la corte, el Cid muestra su arrebatado temperamento juvenil.

Cabalga Diego Laínez
al buen rey besar la mano,
consigo se los llevaba
los trescientos hijosdalgo;
entre ellos iba Rodrigo
el soberbio castellano.
Todos cabalgan a mula,
solo Rodrigo a caballo;
todos visten oro y seda,
Rodrigo va bien armado;
todos espadas ceñidas,
Rodrigo estoque dorado;
todos con sendas varicas,
Rodrigo lanza en la mano;
todos guantes olorosos,
Rodrigo guante mallado;
todos con sendas varicas,
Rodrigo estoque dorado;
todos sombreros muy ricos,
Rodrigo casco afinado,
y encima del casco lleva
un bonete colorado.

Andando por su camino,
unos con otros hablando,
allegados son a Burgos,
con el rey han encontrado.
Los que vienen con el rey
entre sí van razonando;
unos lo dicen de quedo,
otros lo van publicando:
«¿Aquí viene entre esta gente
quien mató al conde Lozano?»
Como lo oyera Rodrigo,
en hito los ha mirado:
«Si hay alguno entre vosotros,
su pariente o adeudado,
que le pese de su muerte,
salga luego a demandallo;
yo se lo defenderé,
quiera a pie, quiera a caballo».
Todos responden a una:
«Demándelo su pecado».
Todos se apearon juntos,
para al rey besar la mano;
Rodrigo se quedó solo
encima de su caballo.
Entonces habló su padre,
bien oiréis lo que le ha hablado:
«Apeaos vos, mi hijo,
besaréis al rey la mano,
porque él es vuestro señor,
vos, hijo, sois su vasallo».

Desque Rodrigo esto oyó,
sintióse más agraviado.
Las palabras que responde
son de hombre muy enojado.
«Si otro me lo dijera,
ya me lo hubiera pagado,
mas por mandarlo vos, padre,
yo lo haré de buen grado».
Ya se apeaba Rodrigo,
para al rey besar la mano;
al hincar de la rodilla
el estoque se ha arrancado.
Espantóse de esto el rey
y dijo, como turbado:
«¡Quítate, Rodrigo, allá,
quítateme allá, diablo,
que tienes el gesto de hombre,
los hechos de león bravo!»
Como Rodrigo esto oyó,
apriesa pide el caballo;
con una voz alterada,
contra el rey así ha hablado:
«Por besar mano de rey
no me tengo por honrado;
porque la besó mi padre
me tengo por afrentado».
En diciendo estas palabras,
salido se ha del palacio;
consigo se los tornaba
los trescientos hijosdalgo.

Si bien vinieron vestidos,
volvieron mejor armados,
y si vinieron en mulas,
todos vuelven en caballos.

Las bodas de Rodrigo y Jimena

Finalmente, el Cid acepta la propuesta de Jimena y el rey efectúa los esponsales.

A Jimena y a Rodrigo
prendió el rey palabra y mano
de juntarlos para en uno
en el solar de Laín Calvo;
las enemistades viejas
con amor las olvidaron,
que donde preside amor
se olvidan quejas y agravios.
El rey dio al Cid a Valduerna,
a Saldaña y Belforado
y a San Pedro de Cárdena,
que en su hacienda vincularon.
Entróse a vestir de boda
Rodrigo con sus hermanos;
quitóse gola y arnés
resplandeciente y grabado;
púsose un medio botarga
con unos vivos morados,
calzas, valona tudesca
de aquellos siglos dorados.
Eran de grana de polvo
y de vaca los zapatos
con dos hebillas por cintas

que le apretaban los lados;
camisón redondo y justo,
sin filetes ni recamos
(que entonces el almidón
era pan para muchachos),
con jubón de raso negro,
ancho de manga, estofado,
que en tres o cuatro batallas
su padre lo había sudado.
Una acuchillada cuera
se puso encima del raso,
en remembranza y memoria
de las muchas que habia dado;
una gorra de contray
con una pluma de gallo,
llevaba puesto un tudesco
en felpa todo aforrado.
La Tizona rabitiesa,
del mundo terror y espanto,
en tiros nuevos traía
que costaron cuatro cuartos.
Más galán que Gerineldos
bajó el Cid famoso al patio,
donde rey, obispo y grandes
en pie estaban aguardando.
Tras esto bajó Jimena
tocada en toca de papos,
y no con estas quimeras
que agora llaman hurracos.
De paño de Londres fino

era el vestido bordado;
unas garnachas muy justas
con un chapín colorado,
un collar de ocho patenas
con un San Miguel colgando,
que apreciaron una villa
solamente de las manos.
Llegaron juntos los novios,
y al dar la mano y abrazo,
el Cid mirando a la novia
le dijo todo turbado;
«Maté a tu padre, Jimena,
pero no a desaguisado,
mátele de hombre a hombre
para vengar cierto agravio.
Maté hombre y hombre doy,
aquí estoy a tu mandado;
en lugar del muerto padre,
cobraste marido honrado».
A todos pareció bien,
su discrecion alabaron,
y así se hicieron las bodas
de Rodrigo el Castellano

Carta de Jimena al rey

La rutina diaria afecta a los recién casados y doña Jimena, embarazda, se queja al rey Fernando de que mantiene al Cid tan ocupado peleando que solo lo ve una vez al año. E incluso en esas breves ocasiones el Cid parece sufrir de lo que hoy llamamos TEPT, trastorno de estrés postraumático.

En los solares de Burgos
a su Rodrigo aguardando,
tan encinta está Jimena,
que cedo esperaba el parto;
cuando, además, dolorida
una mañana en disanto,
bañada en lágrimas tiernas,
tomó la pluma en la mano
y, despues de haberle escrito
mil quejas á su velado,
bastantes a domeñar
unas entrañas de mármol,
de nuevo tomó la pluma
y de nuevo tornó llanto,
y en esta guisa le escribe
al noble rey don Fernando:
«A vos, el mi señor rey,
el bueno, el aventurado,
el magno, el conqueridor,
el agradecido, el sabio,

la vuestra sierva Jimena,
fija del conde Lozano,
a quien vos marido disteis
bien así como burlando,
desde Burgos os saluda,
donde vive lacerando.
¡Las vuestras andanzas buenas
llévevoslas Dios al cabo!
Perdonédesme señor,
que no tengo pecho falso,
y si mal talante os tiene,
no puede disimulallo.
Yo estoy de vos querellosa
y os escribo mal mi grado,
mageer que enemiga os tengo,
a fuerza de mis agravios.
Respondedme en puridad,
con letras de vuestra mano,
aunque yo al mandadero
le pagase el aguinaldo.
¿Qué ley de Dios vos otorga
que podáis, por tiempo tanto
como ha que fincáis en lides,
descasar a los casados?
¿Qué buena razón consiente
que a un garzon bien dotrinado,
falagüeño y humildoso,
le mostreis a ser leon bravo,
y que de noche y de día
le tengais atraillado,

sin soltarle para mí
sino una vez en el año?
Y esa vez que le soltáis,
fasta los pies del caballo
tan bañado en sangre viene,
que pone pavor mirallo;
y no bien mis brazos toca,
cuando se duerme en mis brazos,
y en sueños gime y forceja,
que cuida que está lidiando,
y apenas el alba rompe,
cuando lo están acuciando
las esculcas y adalides
para que se vuelva al campo.
Lástima tiene de verle
tan estraño y acosado
la su madre, y los mis ojos,
de tanto llorar cansados.
y aun cuando se desposó,
Fizo tan buen desposado,
que pasar no le dejastes
tres veces en cuatro mayos.
Si lo faceis por honralle,
asaz Rodrigo es honrado,
pues no tiene barba y tiene
cinco reyes por vasallos.
Yo finco, señor, en cinta,
que en nueve meses he entrado,
y me pueden empecer
las lágrimas que derramo.

que como otro bien no tengo
y me lo habedes quitado,
en guisa le lloro vivo,
cual si estuviese enterrado.
No permitais que mal goce'
prendas del mejor fidalgo
que sigue cruces vermejas ,
ni a rey ha besado mano.
Doleos, noble señor,
de ver que acueste a mi lado,
en vez de su mancebía,
una vieja, y suegra al cabo,
que, aunque me muestra cariño,
dos celebros entranzados
mala amistanza mantienen
en un hogar y un estrado.
Dalde mi escrito a las llamas,
non se faga del palacio,
que en malos barruntadores
no me será bien contado,
y enderezadme este tuerto;
ya sabeis lo que os demando.
Mirá que se ofensa el cielo
de fecho tan mal guisado».

En otro romance, el rey Fernando responde amablemente a Jimena, diciendo que Rodrigo está ausente por una buena razón. Además, dado que ella está embarazada, las cosas pueden que no sean tan malas como ella las describe. Para congraciarse, el rey le ofrece regalos generosos para su futuro hijo o hija.

El Cid se enfrenta al Papa

El Papa y el rey de Francia están tratando de hacer que el rey Fernando (o, en otros romances, el rey Sancho, su hijo y sucesor) les rinda pleitesía. El Cid se opone a ello y, en el Vaticano, ocasiona un altercado con el duque de Saboya, vasallo del rey de Francia, que acaba con la intervención del mismo Papa.

A concilio dentro en Roma
el Padre Santo habían llamado;
por obedecer al Papa
este noble rey Fernando
para Roma fue derecho,
con el Cid acompañado.
Por sus jornadas contadas
en Roma se han apeado.
El rey, con gran cortesía,
al Papa besó la mano,
y el Cid y sus caballeros,
cada cual de grado en grado.
En la iglesia de San Pedro
don Rodrigo había entrado,
do vido las siete sillas
de siete reyes cristianos;
y vio la del rey de Francia
junto a la del Padre Santo
y la del rey su señor

un estado más abajo.
Vase a la del rey de Francia,
con el pie la ha derribado;
la silla era de marfil,
hecho la ha cuatro pedazos;
tomara la de su rey
y subióla en lo más alto.
Habló allí un honrado duque
que dicen el Saboyano;
«¡Maldito seas, Rodrigo,
del Papa descomulgado,
porque deshonraste un rey,
el mejor y más preciado!»
«Dejemos los reyes, duque,
Y, si os sentís agraviado,
hayámoslo los dos solos
de mi a vos sea demandado».
Allegóse cabe el duque,
un gran bofetón le ha dado;
El duque le respondió:
«¡Demándetelo el diablo!»
El Papa, cuando lo supo,
al Cid ha descomulgado;
oyéndolo don Rodrigo,
ante él se ha arrodillado:
«Abosolvedeme», dijo, «Papa,
si no, seraos mal contado».
El Papa, padre piadoso,
respondió muy mesurado:
«Yo te absuelvo, don Ruy Díaz,
Yo te absuelvo de buen grado,
con que seas en mi corte
muy cortés y mesurado».

Al morir, el rey Fernando divide su reino entre sus hijos Sancho, Alfonso y García, a quienes lega los reinos de Castilla, León y Galicia, respectivamente, y además concede a sus hija Urraca el señorío de Zamora. Esto conduce a la guerra entre los hermanos.

Urraca y El Cid

Tras vencer a Alfonso y a García, Sancho asedia a su hermana Urraca en Zamora. Para convencerla de que abandone la ciudad, el rey Sancho envía al Cid. Urraca se indigna y le recuerda sus buenas relaciones pasadas.

«¡Afuera, afuera, Rodrigo,
el soberbio castellano!
Acordársete debría
de aquel tiempo ya pasado,
cuando fuiste caballero
en el altar de Santiago;
cuando el rey fue tu padrino,
tú, Rodrigo, el ahijado;
mi padre te dio las armas,
mi madre te dio el caballo,
yo te calcé espuela de oro
porque fueses más honrado;
que pensé casar contigo,
¡no lo quiso mi pecado!,
casástete con Jimena,
hija del conde Lozano;
con ella hubiste dineros,

conmigo hubieras estados.
Bien casaste tú, Rodrigo,
muy mejor fueras casado;
dejaste hija de rey
por tomar de su vasallo.
En oír esto Rodrigo,
quedó de ello algo turbado;
con la turbación que tiene,
esta respuesta le ha dado:
«Si os parece, mi señora,
bien podemos desligallo».
Respondióle doña Urraca,
con gesto muy sosegado:
«No lo mande Dios del cielo,
que por mí se haga tal caso,
que mi alma penarla
si yo fuese en discrepallo».
Volvióse presto Rodrigo
y dijo muy angustiado:
«¡Afuera, afuera, los míos,
los de a pie y los de a caballo,
pues de aquella torre mocha
una vira me han tirado!,
no traía el asta hierro,
el corazón me ha pasado:
¡ya ningún remedio siento,
sino vivir más penado!»

El juramento de Santa Gadea

Tras la muerte del rey Sancho durante el cerco de Zamora, a manos de Vellido Dolfos, su hermano Alfonso accede al trono unificado de Castilla y León. Ante las dudas que todos tiene sobre su participación en el asesinato de su hermano mayor, el Cid se atreve a pedirle que jure su inocencia.

En Santa Gadea de Burgos
do juran los hijosdalgo,
allí le toma la jura
el Cid al rey castellano,
sobre un cerrojo de hierro
y una ballesta de palo;
las juras eran tan fuertes
que al buen rey ponen espanto:
«Villanos te maten, Alonso,
villanos, que no hidalgos,
de las Asturias de Oviedo,
que no sean castellanos.
Mátente con aguijadas,
no con lanzas ni con dardos;
con cuchillos cachicuernos,
no con puñales dorados;
abarcas traigan calzadas,
que no zapatos con lazo;
capas traigan aguaderas,
no ce contray ni frisado;

con camisones de estopa,
no de holanda ni labrados;
caballeros vengan en burras,
que no en mulas ni en caballos,
frenos traigan de cordel,
que no de cueros fogueados.
Mátente por las aradas,
no en villas ni en poblado;
sáquente el corazón,
por el siniestro costado,
si no dijeres verdad
de lo que te es preguntado:
si fuiste ni consentiste
en la muerte de tu hermano».
Jurado tiene el buen rey
que en tal caso no es culpado,
pero, con voz alterada,
dijo muy mal enojado:
«Muy mal me conjuras, Cid;
Cid, muy mal me has conjurado,
mas hoy me tomas la jura,
mañana me besarás mi mano».
«Por besar mano de rey
no me tengo por honrado;
porque la besó mi padre,
me tengo por afrentado».
«¡Vete de mis tierras, Cid,
mal caballero probado,
y no vengas más a ellas
dende este día en un año!»

«Pláceme», dijo el buen Cid,
«pláceme», dijo, «de grado,
por ser la primera cosa
que mandas en tu reinado.
Tú me destierras por uno,
yo me destierro por cuatro».
Ya se partía el buen Cid,
sin al rey besar la mano;
con trescientos caballeros,
todos eran hijosdalgo;
todos son hombres mancebos,
ninguno no había cano;
todos llevan lanza en puño
y el hierro acicalado,
y llevan sendas adargas
con borlas de colorado;
mas no le faltó al buen Cid
adonde asentar su campo.

El Cid se encamina al exilio, que en el romancero posee causas muy distintas a las narradas por el Cantar de mio Cid. *A partir de ese momento, va realizando sucesivas hazañas que culminan con la conquista de Valencia.*

EL CID MANDA A BUSCAR A DOÑA JIMENA

El Cid, habiendo ganado Valencia, asegura a los moros derrotados que los tratará con humanidad. Después, manda a buscar a su esposa e hijas para que se le unan en sus nuevas posesiones.

«Partios dende, los moros,
non pongáis mientes en ál;
cuidá de los doloridos
y los muertos soterrad;
decidles a los cuitados
y a las cuitadas contad
que el saber nueso en la guerra
es humildoso en la paz.
poned la acucia en facer
que me vengan a fablar,
porque les diga mi boca
toda la mi voluntad:
que no quiero sus faciendas
nin se las he de tirar;
nin para mis barraganas
sus fijas he de tomar,
que yo non uso mujeres

sinon la mía natural,
que en San Pedro de Cárdena
yace agora al mi mandar.
Y mándovos yo, Álvar Fáñez,
si he poder de vos mandar,
vais por ella y por mis fijas,
mis fijas, otro que tal.
Llevad treinta marcos de oro
con que se puedan guiar,
para venir a Valencia
a la ver y a la gozar.
Llevá otros tantos de plata
para San Pedro y su altar,
y entregádlos a don Sancho,
que ende yace por abad.
Y al noble rey don Alfonso,
mi buen señor natural,
llevá doscientos caballos,
bien guarnidos al mi usar.
Y a los honrados judíos
Raquel y Vidas llevá
doscientos marcos de oro,
tantos de plata, y non más,
que me endonaron prestados
cuando me partí a lidiar
sobre dos cofres de arena
debajo de mi verdad,
rogarles heis de mi parte
que me quieran perdonar,
que con acuita lo fice

de mi gran necesidad,
que aunque cuidan que es arena
lo que en los cofres está,
quedó soterrado en ella
el oro de mi verdad.
Pagales la logrería
que soy tenudo a les dar
del tiempo que su dinero
he tenido a mi mandar.
Y vos, Martín Antolínez,
le iredes á acompañar.
y las mis buenas venturas
a mi Jimena contad.
Diréis al rey don Alfonso
Que me empreste su juglar,
porque a mi Jimena agrada
mucho el tañer y cantar».
Aquesto dijera el Cid
después que ya entrado ha
en Valencia vitorioso,
pues conquerido la ha.

Alvar Fáñez habla con el rey

Antes de llevar a doña Jimena a Valencia, Álvar Fáñez debe pedirle permiso al rey Alfonso, a quien entrega los regalos del Cid. El gran enemigo de Rodrigo en la corte, el conde García Ordoñez, intenta uan vez más sembrar sospechas en su contra, por lo que Álvar Fáñez, incapaz de soportar sus insidias, le responde con bravura.

Llegó Álvar Fáñez a Burgos
a llevar al rey la empresa
de cautivos y caballos,
de despojos y riquezas.
Entró a besarle la mano,
después de darle licencia,
y puesto ante él de rodillas
este recaudo comienza:
«Poderoso Rey Alfonso,
reciba vuesa grandeza
de un fidalgo desterrado
la voluntad por ofrenda.
Don Rodrigo de Vivar,
fuerte muro en tu defensa,
por envidia desterrado
de su casa y de su tierra,
pide que con libertad
hable, puesto en su defensa,
y así quiero, por no errar,

decir sus palabras mesmas;
dice que este don pequeño
tomes solamente en cuenta
que es ganado de los moros
a precio de sangre buena;
que con su espada en dos años
te ha ganado el Cid más tierras
que te dejó el rey Fernando,
tu padre, que en gloria sea;
que en feudo desto lo tomes,
y no juzgues a soberbia
que con parias de otros reyes
el pague a su rey sus deudas;
y pues tú, como señor,
le quitaste su facienda,
que bien puede, como pobre,
pagar con facienda ajena.
Que fies en Dios y en él
que te ha de hacer rico, mientras
la mano aprieta a Tizona
y el talón hiere a Babieca.
y que gustes que en San Pedro
se pongan estas banderas,
a los ojos del glorioso
gran príncipe de la Iglesia,
en señal que, con su ayuda,
apenas enhiestas quedan
en toda España otras tantas,
y ya se parte por ellas.
Que te suplica le envíes

sus fijas y su Jimena;
del alma triste afligida
regaladas dulces prendas,
y si non su soledad,
la suya al menos te duela.
para que su gloria goce,
ganada en tan larga ausencia.
No quisiera haber errado,
que en cada palabra destas
te traigo, rey, de Rodrigo
su descargo y su limpieza».
Apenas dio la embajada,
cuando la envidia revienta
de envidiosos lisonjeros
y corredores de orejas.
Movióse un conde agraviado,
y díjole al rey: «Tu alteza
no de crédito a estas cosas,
que son engaños que ceban.
Querrá ahora el Cid Rodrigo,
con esto que te presenta,
venirse a Burgos mañana
a confirmas tus ofensas».
Caló Alvar Fáñez la gorra,
y empuñando en la derecha,
tartamudo de coraje,
le dio al conde esta respuesta:
«Nadie se mude ni hable,
y el que se moviere, atienda
que le fabla el Cid presente,

pues yo lo soy en su ausencia;
y cuando en mi pobre esfuerzo
cupiere alguna flaqueza,
la gran firmeza del Cid
me ayuda desde Valencia.
No le venda ningún falso
ni sus lisonjas le vendan,
que dél y de mí, en su nombre,
no aseguro la cabeza.
Y tú, rey, que las lisonjas
acomodas y aprovechas,
haz de lisonjas murallas
y verás cómo pelean.
Perdona, que con enojo
pierdo el respeto a tu alteza,
y dame, si me has de dar,
del Cid las queridas prendas
(a doña Jimena, digo,
y a sus dos hijas con ella),
pues te ofrezco su rescate
como si estuvieran presas».
Levantóse el rey Alfonso
y al buen Alvar Fáñez ruega
que se sosiegue, y los dos
vayan a ver a Jimena.

De cómo el rey moro quiso tomar Valencia

En las hazañas del Cid también cabe el tono cómico, como ya se apreciaba en el cantar medieval. El romancero lo mantiene en una episodio vagamente inspirada en la persecución de Bucar, cuando este pretende recuperar Valencia para los moros.

¡Helo, helo por do viene
el moro por la calzada!,
caballero a la jineta
encima una yegua baya;
borceguíes marroquíes
y espuela de oro calzada;
una adarga ante los pechos
y en la mano una azagaya.
Mirando estaba a Valencia,
cómo está bien torreada:
«¡Oh Valencia, oh Valencia,
de mal fuego seas quemada!,
primero fuiste de moros
que de cristianos ganada;
si la lanza no me miente,
a moros serás tornada,
y a aquel perro de aquel Cid
prenderelo por la barba;
su mujer doña Jimena

será de mí captivada,
y su hija Urraca Hernando,
será la mi enamorada;
después de yo harto de ella,
la entregaré a mi compaña».
El buen Cid no está tan lejos
que todo no lo escuchaba:
«Venid vos acá, mi hija,
la mi hija doña Urraca,
dejad las ropas continas
y vestid ropas de pascua;
aquel moro hi de perro
detiénemelo en palabras,
mientras yo ensillo a Babieca
y me ciño la mi espada».
La doncella, muy hermosa,
se paró a una ventana;
el moro, desque la vido,
de esta suerte le fablara:
«¡Alá te guarde, señora,
mi señora doña Urraca!»
«¡Así faga a vos, señor,
buena sea vuestra llegada!
Siete años ha, rey, siete,
que soy vuestra enamorada».
«Otros tantos ha, señora,
que os tengo dentro en mi alma.»
Ellos estando en aquesto,
el buen Cid que asomaba.
«¡Adiós, adiós, mi señora,

la mi linda enamorada!,
que del caballo Babieca
yo bien oigo la patada».
Do la yegua pone el pie,
Babieca pone la pata;
allí fablara el caballo,
bien oiréis lo que fablaba:
«Reventar debía la madre
que a su hijo no esperaba».
Siete vueltas la rodea
alrededor de una jara;
la yegua, que era ligera,
muy adelante pasaba,
fasta llegar cabe un río
adonde una barca estaba.
El moro, desque la vido,
con ella bien se holgaba;
grandes gritos da al barquero
que le allegase la barca;
el barquero es diligente,
túvosela aparejada;
embarcó muy presto en ella,
que no se detuvo nada.
Estando el moro embarcado,
el buen Cid que llega al agua,
y por ver al moro en salvo,
de tristeza reventaba;
mas con la furia que tiene,
una lanza le arrojaba,
y dijo: «¡Recoged, yerno,

arrecogedme esa lanza,
que quizá tiempo verná
que os será bien demandada!»

Miedo de los Condes de Carrión

Tras la conquista de Valencia y el regreso de la familia del Cid, se realiza el matrimonio de sus hijas con dos jóvenes de una de las principales familias de la nobleza, los infantes (en los romances, los condes) de Carrión. Sin embargo, su alcurnia no corre pareja a su valor, como revela su cobardía cuando un león enjaulado se escapa en la corte del Campeador.

Acabado de yantar,
la faz en somo la mano,
durmiendo está el señor Cid
en el su precioso escaño.
Guardándole están el sueño
sus yernos Diego y Fernando,
y el tartajoso Bermudo,
en lides determinado.
Fablando están juglerías,
cada cual por hablar paso,
y, por soportar la risa,
puesta la mano en los labios,
cuando unas voces oyeron
que atronaban el palacio,
diciendo: «¡Guardá el león!
¡Mal muera quien lo ha soltado!».
No se turbó don Bermudo,
empero los dos hermanos,
con la cuita del pavor,

de la risa se olvidaron
y, esforzándose las voces,
en puridad se hablaron
y aconsejáronse aprisa
que no fuyesen despacio.
El menor, Fernán González,
dio principio al fecho malo;
en zaga el Cid se escondió,
bajo su escaño agachado.
Diego, el mayor de los dos,
se escondió a trecho más largo,
en un lugar tan lijoso,
que no puede ser contado.
Entró gritando el gentío
y el león entró bramando,
a quien Bermudo atendió
con el estoque en la mano.
Aquí dio una voz el Cid,
a quien, como por milagro,
se humilló la bestia fiera,
humildosa y coleando.
Agradecióselo el Cid,
y al cuello le echó los brazos,
y llevólo a la leonera,
faciéndole mil falagos.
Aturdido está el gentío
viendo lo tal, no catando
que entrambos eran leones,
mas el Cid era el más bravo.
Vuelto, pues, a la su sala,

alegre y no demudado,
preguntó por sus dos yernos,
su maldad adivinando.
Bermudo le respondió:
«Del uno os daré recaudo,
que aquí se agachó por ver
si el león es fembra o macho».
Allí entró Martín Peláez,
aquel temido asturiano,
diciendo a voces: «¡Señor,
albricias, ya lo han sacado!»
El Cid replicóle: «¿A quién?»
Él respondió: «Al otro hermano,
que se sumió de pavor
do no se sumiera el diablo.
Miradle, señor, do viene;
empero faceos a un lado,
que habéis, para estar par del,
menester un incensario».
Desenjaularon al uno,
metieron otro del brazo.
manchados de cosas malas
de boda los ricos paños.
Movido de saña, el Cid
a uno y a otro mirando,
reventando por fablar
y por callar reventando,
al cabo soltó la voz
el soberbio castellano
y los denuestos les dijo
que vos contaré despacio.

Otro romance, en efecto, desarrolla los denuestos y amonestaciones que el Cid les hace a sus yernos, con la siguiente conclusión:

Estas palabras el Cid
les dijo muy enojado,
por haber así fuido
del león los dos hermanos.
Agraviáronse los condes,
y con él quedan odiados.

El Robledal de Tormes

Siniténdose injuriados por las burlas de las que son objeto en la corte valenciana del Cid, los condes de Carrión le piden permiso a su suegro para llevar a sus esposas a sus propiedades de Carrión. El Cid acepta y sus hijas parten con sus esposos. Una vez que llegan a lo más profundo del robledal de Corpes (de Tormes, en el romance), los condes golpean y abandonan a sus esposas, para vengar su deshonra.

De concierto están los condes
hermanos, Diego y Fernando;
afrentar quieren al Cid,
muy gran traición han armado.
Quieren volver a sus tierras,
sus novias han demandado;
y luego su suegro el Cid,
se las hubiera entregado,
y al entregarlas, les dice,
su maldad adivinando:
«Mirad que me las tratedes
como a dueñas fijasdalgo
mis fijas, pues que a vosotros
por mujeres las he dado».
Ellos ambos le prometen
de obedecer su mandado.
Ya cabalgaban los condes
y el buen Cid está a caballo

con todos sus caballeros,
que le van acompañando;
por las huertas y jardines
va riendo y festejando.
Por espacio de una legua
el Cid los va acompañando;
cuando de ellos se despide,
lágrimas va derramando,
como hombre que ya sospecha
la gran traición que han armado.
Como el Cid tiene recelo,
aquesto hubo acordado:
llamó a su sobrino Ordoño
y luego le había mandado
que vaya tras de sus fijas
cubierto y disimulado,
y que él vea muy bien visto
si las llevan á recaudo,
porque el corazón le dice
el mal que le está aguardando
Los condes, con sus mujeres,
por su camino han andado;
por los lugares que van
eran muy bien hospedados,
porque los señores de ellos
del buen Cid eran vasallos.
Andando por sus jornadas
a Tormes habían llegado
y, entre los robledos dél,
las damas han apeado

de las mulas en que van,
porque así lo traen pensado.
Mandan primero a su gente
se vayan adelantando.
Por los cabellos las toman
habiéndolas desnudado;
arrástranlas por el suelo,
tráenlas de uno al otro lado,
danlas muchas espoladas,
en sangre las han bañado;
con palabras injuriosas,
mucho las han denostado.
Los cobardes caballeros
allí se las han dejado,
diciendo «De vueso padre
en vos ya somos vengados,
que vosotras no sois tales
para connusco casaros.
Pagareisnos las deshonras
que el Cid nos había causado
cuando soltara el león
y procurara matarnos».
En medio de aquel robledo
atadas hablan quedado;
siguen ambos su camino,
a su gente han alcanzado.
Sus gentes a sus señores
por ellas han preguntado.
Ambos condes respondieron
que quedan a buen recaudo.

Las señoras, muy cuitadas,
grandes gritos quedan dando
y, alaridos hasta el cielo,
su desdicha publicando,
diciendo: «¡Condes traidores,
cuan mal que lo habéis mirado!
¿Siendo nos fijas del Cid,
así nos habéis tratado?
tal es él que vengará
La traición que habéis obrado».

El Cid parte a pedir justicia al rey

Cuando el Cid recibe la noticia de la afrenta de los condes de Carrión, se querella ante el rey Alfonso, quien convoca una reunión judicial de la corte para entender en el caso. Cuando el Cid está a punto de partir, doña Jimena, como la mujer fuerte que es, le hace unas sentidas reflexiones para que defienda a ultranza el honor de sus hijas.

Asida está del estribo
la noble Jimena Gómez,
y en tanto que al Cid le habla,
el Cid su gabán compone.
«Mirad», le dice, «señor,
que la sangre de aquel conde
que matasteis bueno a bueno,
que la venguéis como noble.
A las cortes vais, buen Cid,
y a lo que os lleva a la corte
ha de dar corte la espada,
porque no tiene otro corte.
Al rey habrán prevenido
y a sus amigos los condes,
que es de cobardes muy propio
socorrerse de invenciones.
No acetéis del rey Alfonso
excusas, ruegos ni dones,
que mal se encubre una injuria

con afeites de razones.
Considerad vuestras hijas
amarradas a dos robles,
de quien hoy tiemblan las hojas,
condolidas de sus voces,
y mirad que aquella ofensa
contra mí fecha en el monte
descubre en vos las señales
y en mis fijas los azotes.
Dios os guarde donde vades,
que son los competidores
crueles, como cobardes;
como cobardes, traidores.
Yo sé bien que vais seguro,
si no fuere de traiciones,
que atrevidos con mujeres
nunca lo son con los hombres.
No entréis, señor, en batalla,
que menguáis vuesos blasones
honrando con vuesa espada
una sangre tan enorme.
El que venció a tantos Reyes
no se iguale a aquestos homes,
que relinchos de Babieca
han vencido otros mejores.
Cobrad vuesas dos espadas
para Bermudo y Ordóñez,
que ellos pondrán en sus filos
el uso de vuesos golpes.
Sacará del fuego mío

la Tizona los tizones,
y la famosa Colada,
la mancha de mis pasiones.
Por mi aviso y vuesa mano,
que a mi venganza se ponen,
desde luego la esperanza
me promete alegres dones».
«Así suceda, Jimena»,
el famoso Cid responde
y, abajando la cabeza,
picó a Babieca y partiose.

El juicio en las cortes de Toledo se salda con una lid judicial, en la que el Cid no está presente, pues prefiere regresar a Valencia. En un romance, don Alfonso le escribe una carta al Cid relatándole el combate. Tras la victoria de los campeones del Cid, el rey exilia oficialmente a los infantes, que nunca más se atreven a dar la cara, mientras que aquellos reciben una gran escolta de vuelta a casa, siendo recibidos con honores y obsequios por parte del Cid, Jimena y sus hijas.

El Cid habla en su lecho de muerte

Las últimas palabras del Cid a sus vasallos responden a los conceptos tradicionales del ars moriendi *o arte de bien morir, pero son especialmente conmovedoras cuando habla de la vida terrena como un exilio.*

En Valencia estaba el Cid,
doliente del mal postrero,
que agravios en pechos nobles
pueden mucho mas que el tiempo.
A su cabecera tiene
religiosos y hombres buenos,
y en torno de su persona,
sus amigos y sus deudos,
cuyos semblantes mirando
de dolor y cuita llenos,
con tan sesudas razones
así conhorta su duelo:
«Bien sé, mis buenos amigos,
que en tan duro apartamiento
no hay causa para alegraros
y hay mucha para doleros;
pero mostrad mi enseñanza
contra los adversos tiempos,
que vencer a la fortuna
es más que vencer mil reinos.
Mortal me parió mi madre

y, pues pude morir luego,
lo que el cielo os dio de gracia,
no lo pidáis de derecho.
No muero en tierras extrañas,
Que en mis propias tierras muero,
Cuanto y más que, siendo tierra,
es propia heredad de muertos.
No siento el verme morir,
Que, si esta vida es destierro,
los que a la muerte guiamos,
a nuestra patria volvemos.
Tan solo llevo en el alma
que en poder de un rey vos dejo
en quien vos podrá empecer
ser míos o ser ya vuesos;
que trate bien mis soldados,
pues le defienden sus reinos,
y crea a piernas quebradas
mas que a sabios consejeros;
que traiga siempre en balanza
el castigo con el premio,
que a lealtad de vasallos
virtud parte y parte miedo;
que estime un noble leal
más que muchos falagüeños,
que de muchos homes malos
no puede facerse un bueno;
y a quien menester hubiere
nunca le faga denuestos
ni pague servicios propios

por pareceres ajenos.
Y non fablo de agraviado,
antes le quedo debiendo.
que las sinrazones suyas
fueron mis merecimientos».
En esto entraba Jimena,
cuyo desamparo viendo,
ellos se enjugan los ojos
y el Cid dejó el parlamento.

La victoria póstuma del Cid

San Pedro se le aparece al Cid y le promete una última victoria sobre los moros, pero solo después de su muerte. La singular escena que sigue, que se hizo mundialmente famosa por la película El Cid *(1961), no se encuentra en el poema épico, como mucha gente piensa, sino solo en las crónicas y en los romances.*

Muerto yace ese buen Cid
que de Vivar se llamaba.
Gil Díaz, su buen criado
cumpliera lo que mandara.
Embalsamara su cuerpo
y muy yerto se paraba;
cara tiene de hermosura,
muy hermosa y colorada.
Los ojos igual abiertos,
muy apuesta la su barba.
Non parece que está muerto,
antes vivo semejaba.
Y para que esté derecho
este ardid Gil Díaz usaba:
puso el cuerpo en una silla,
una table en las espaldas
y otra delante del pecho,
y a los lados se juntaban,
llegaban bajo los brazos

y el colodrillo tapaban.
Esta era la de atrás
y otra llegaba a la barba,
teniendo el cuerpo derecho
a ningún cabo inclinaba.
Doce dias son pasados
después que el Cid acabara;
aderézanse las gentes
para salir a batalla
con Búcar, ese Rey moro
y contra la su canalla.
Cuando fuera medianoche,
el cuerpo, así como estaba
le ponen sobre Babieca
y al caballo lo ataban.
Derecho está y igual;
estar vivo semejaba.
Calzas tiene en las sus piernas
de blanco y negro labradas,
parecian brasonetas
de las que en vida calzaba;
vistiéronle vestidura
que el pespunte se mostraba,
y su escudo puesto al cuello
con su divisa ondeada;
capellina en su cabeza
de pergamino pintada,
parece que era de fierro,
según está bien labrada.
En la su mano derecha

la Tizona le fue atada,
sutilmente a maravilla
iba en la su mano alzada.
De un cabo iba el obispo
don Jerónimo de fama,
del otro iba Gil Diaz,
el que a Babieca guiaba.
Salio don Pedro Bermudez
con seña del Cid alzada
con cuatrocientos fidalgos
que con él van en su guarda.
Saliera luego el recuaje,
otros tantos lo guardaban;
saliera el cuerpo del Cid
con gente muy esforzada;
ciento son los guardadores
que el cuerpo honrado llevaban.
Tras él va doña Jimena
con toda la su compaña,
con seiscientos caballeros
que para guarda le daban;
callando van y tan paso
que veinte no semejaban.
Ya estan fuera de Valencia.
Claro el día se mostraba.
Alvar Fáñez fue el primero
que arremetió con gran saña
contra el gran poder de moros
que Búcar trae en su compaña.
Halló delante de sí

una mora muy gallarda,
gran maestra en el tirar
con saetas del aljaba
de los arcos de Turquía,
Estrella era nombrada
por la destreza que había
en el herir de la jara.
Ella fuera la primera
que a caballo cabalgara
con otras cien compañeras
muy valientes y esforzadas.
Los del Cid las fieren recio,
muertas en tierra quedaran.
Visto los había el rey Búcar
con los reyes de su banda.
y quedan maravillados
en ver la gente cristiana.
Setenta mil caballeros
les pareció que llegaban,
todos blancos como nieve,
y uno que los asombraba.
Más crecido que ninguno,
en blanco caballo andaba,
cruz colorada en su pecho,
en su mano señal blanca.
La espada semeja a fuego
con que a los moros llagaba;
gran mortandad face en ellos,
fuyendo van, que no aguardan.
El rey Búcar y sus reyes

el campo desamparaban,
camino van de la mar
do los navios estaban.
Los del Cid los van firiendo,
ninguno había de escapa;
en la mar se ahogan todos,
mas de diez mil se anegaban,
que con la prisa que traen,
todos juntos no se embarcan.
De los Reyes mueren veinte,
Búcar huyendo se escapa.
Los del Cid ganan las tiendas
con mucho oro y mucha plata;
el mas pobre queda rico
de lo que ende ganara.
Caminan para Castilla
como el buen Cid ordenara.
Llegados son a San Pedro,
de Cardeña se nombraba,
do quedó el cuerpo del Cid,
el que a España tanto honraba.

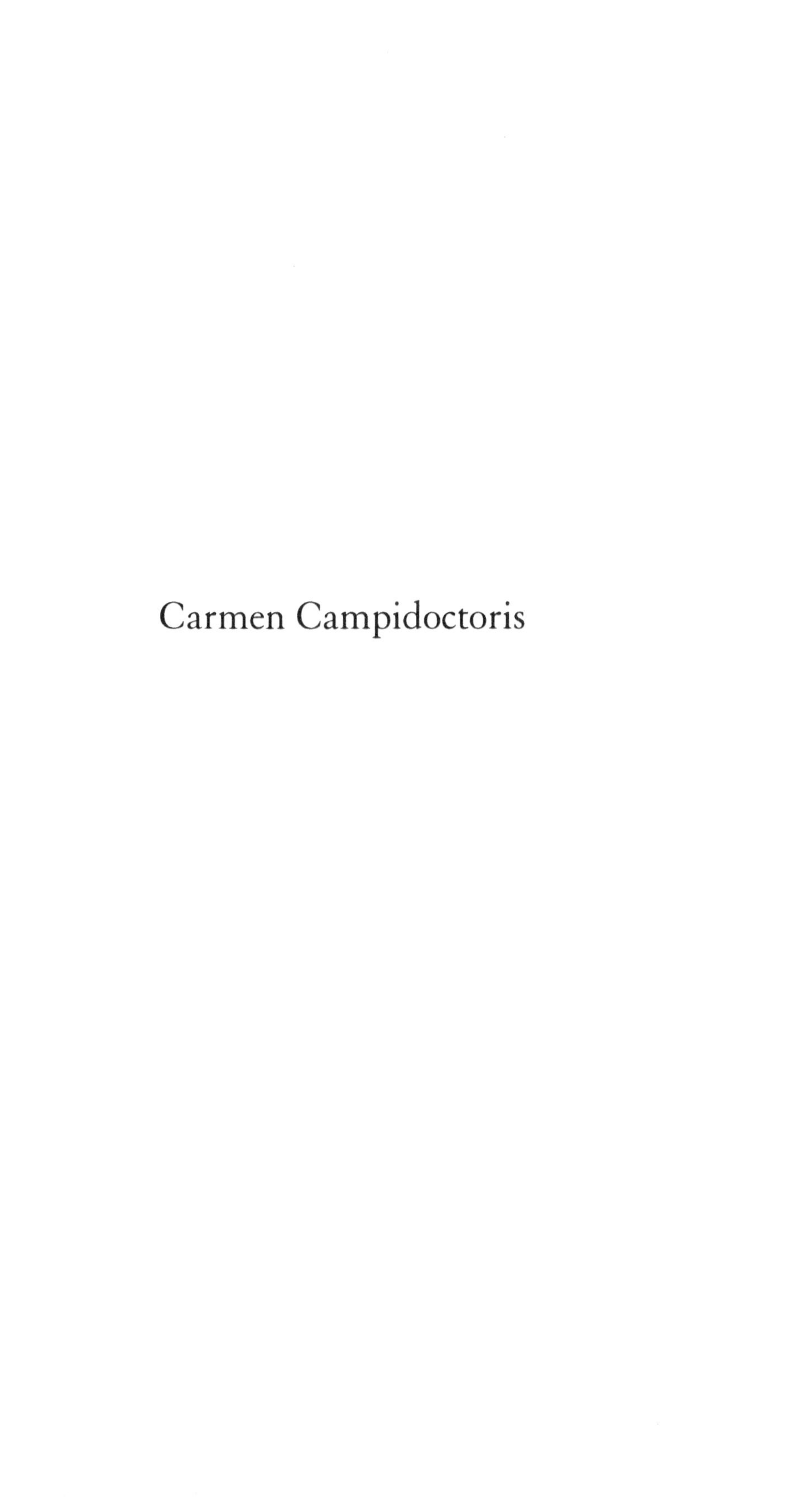

Carmen Campidoctoris

El *Carmen Campidoctoris*

El Carmen Campidoctoris o *Himno del Campeador* se ha conservado en un único códice del siglo XIII o, quizá en parte, de finales del XII, como parece ser el caso de los folios que transmiten este poema, procedente del monasterio benedictino de Santa María de Ripoll (Gerona) y actualmente conservado en la Biblioteca Nacional de Francía, en París, bajo la signatura Latinus 5132. El Carmen ocupaba originalmente los folios 79v-80bis r, pero las últimas líneas del texto han sido eliminadas, raspadas o lavadas, por razones desconocidas, habiendo desaparecido doce o quizá trece estrofas, por lo que el texto alcanzaría de 176 a 180 versos, de los que se han conservado 129, repartidos en 32 estrofas, más el primer verso incompleto de la siguiente.

Se trata de un panegírico latino compuesto hacia 1190 en estrofas sáficas (formadas por tres endecasílabos y un pentasílabo), el cual celebra las principales batallas campales de Rodrigo, y cuya localización se ignora, aunque podría proceder del entorno najerense, como la *Historia Roderici*, en la que seguramente se inspira. También parece haber conocido alguno de los diplomas valencianos de Rodrigo, pues el himno utiliza la designación de *princeps Rodericus Campidoctor* con el que aparece en ellos, siendo *Campidoctor* una latinización peculiar de *Campeador*, ya que la voz latina no significa «docto o experimentado en el campo (de batalla)» sino «el que enseña en el campo», pues era el nombre de un oficial instructor. De hecho, todo el *Carmen* constituye una especie de glosa del sobrenombre del héroe, a partir de la recopilación de las batallas campales vencidas por Rodrigo, respecto de las cuales sus restantes hazañas poseen un papel secundario, según un principio compositivo marcadamente reforzado por el empleo de los numerales. En efecto, las batallas se describen en el poema de idéntica manera: al ordinal correspondiente (vv. 25 y 81, en el caso de los episodios conservados en su integridad) le sucede la narración del combate, en la que se presta especial atención a la obtención del triunfo (vv. 26 y 79-82), y se concluye aludiendo a la fama y renombre conseguidos (vv. 27-28 y 85-88).

La actitud del poeta hacia su héroe concuerda claramente con la que se advierte en la literatura cidiana de fines del siglo XII o principios del XIII: el *Cantar de mio Cid* y el *Linaje de Rodric Díaz*. En concreto, las tres obras coinciden en silenciar la actuación del Cid para el rey de la taifa de Zaragoza, narrada en detalle por la *Historia Roderici*. Así pues, parece que, en torno al cambio de siglo, el Cid se convirtió, en el imaginario colectivo, en el caudillo militar cristiano por excelencia, lo que era incompatible con cualquier referencia a sus servicios a un rey musulmán. A esto se añade un componente político, pues la *Historia Roderici* y el *Carmen Campidoctoris* atribuyen los infortunios del héroe a la *invidia* («envidia», pero también «invidencia» política) del rey Alfonso, avivada por una camarilla de cortesanos intrigantes.

En cuanto al poeta, su formación literaria (en los planos métrico, léxico o estilístico) responde mucho mejor a la situación de la segunda mitad del siglo XII que a la de finales del siglo XI. Especialmente, su neto retoricismo y su planteamiento de conjunto cuadran bien con el clima intelectual que llevó a la composición del *Ritmo de Roncesvalles* latino o, apenas dos décadas después y ya en el ámbito romance, al surgimiento del mester de clerecía.

Carmen Campidoctoris

Edición de Ángel Escobar y Alberto Montaner

I

Bella gestorum possumus referre
Paris et Pyrri necnon et Eneae,
multi poete plurima in laude
que conscripsere.

II

Sed paganorum quid iuuabunt acta,
dum iam uillescant uetustate multa?
Modo canamus Roderici noua
principis bella.

III

Tanti uictoris nam si retexere
ceperim cunta, non hec libri mille
capere possent, Omero canente,
sumo labore.

IV

Verum et ego parum de doctrina
quamquam aurissem, e pluribus pauca,
rithmice tamen dabo uentis uela
pauidus nauta.

V

Eia, letando, populi caterue,
Campidoctoris hoc carmen audite!
Magis qui eius freti estis ope,
cuncti uenite!

VI

Nobiliore de genere ortus,
quod in Castella non est illo maius,
Hispalis nouit et Iberum litus
quis Rodericus.

VII

Hoc fuit primum singulare bellum,
cum adolescens deuicit Nauarrum;
hinc Campidoctor dictus est maiorum
ore uirorum.

VIII

Iam portendebat quid esset facturus,
comitum lites nam superaturus,
regias opes pede calcaturus,
ense capturus.

IX

Quem sic dilexit Sancius, rex terre,
iuuenem cernens ad alta subire,
quod principatum uelit illi prime
cohortis dare.

X

Illo nolente, Sancius honorem
dare uolebat ei meliorem,
nisi tam cito subiret rex mortem,
nulli parcentem.

XI

Post cuius necem dolose peractam
rex Eldefonsus obtinuit terram;
cui quod frater uouerat per totam
dedit Castellam.

XII

Certe nec minus cepit hunc amare,
ceteros plusquam uolens exaltare,
donec ceperunt ei inuidere
compares aule,

XIII

dicentes regi: «Domine, quid facis?
Contra te ipsum malum operaris,
cum Rodericum sublimari sinis;
displicet nobis.

XIV

Sit tibi notum: te nunquam amabit,
quod tui fratris curialis fuit;
semper contra te mala cogitabit
et preparabit».

XV

Quibus auditis susurronum dictis,
rex Eldefonsus, tactus zelo cordis,
perdere timens solium honoris,
causa timoris

XVI

omnem amorem in iram conuertit,
occasiones contra eum querit,
obiciendo, per pauca que nouit,
plura que nescit.

XVII

Iubet e terra uirum exulare.
Hinc cepit ipse Mauros debellare,
Yspaniarum patrias uastare,
urbes delere.

XVIII

Fama peruenit in curiam regis
quod Campidoctor, Agarice gentis
obtima sumens, adhuc parat eis
laqueum mortis.

XIX

Nimis iratus iungit equitatus,
illi parat mortem nisi sit cautus,
precipiendo quod, si foret captus,
sit iugulatus.

XX

Ad quem Garsiam, comitem superbum,
rex prenotatus misit debellandum;
tunc Campidoctor duplicat triumfum
retinens campum.

XXI

Hec namque pugna fuerat secunda,
in qua cum multis captus est Garsia;
Capream uocant locum ubi castra
simul sunt capta.

XXII

Vnde per cunctas Ispanie partes
celebre nomen eius inter omnes
reges habetur, pariter timentes
munus soluentes.

XXIII

Tercium quoque prelium comisit,
quod Deus illi uincere permisit;
alios fugans aliosque cepit,
castra subuertit.

XXIV

Marchio namque comes Barchinonae,
cui tributa dant Madianite,
simul cum eo Alfagib Ilerde,
iunctus cum hoste,

XXV

Cesaraugustae obsidebant castrum
quod adhuc Mauri uocant Almenarum;
quos rogat uictor sibi dari locum
mitere uictum.

XXVI

Cumque precanti cedere nequirent
nec transeundi facultatem darent,
subito mandat ut sui se arment
cito, ne tardent.

XXVII

Primus et ipse indutus lorica
—nec meliorem homo uidit illa—
romphea cinctus auro fabrefacta
manu magistra

XXVIII

accipit hastam mirifice factam,
nobilis silue fraxino dolatam,
quam ferro forti fecerat limatam,
cuspide rectam.

XXIX

Clipeum gestat brachio sinistro,
qui totus erat figuratus auro;
in quo depictus ferus erat draco
lucido modo.

XXX

Caput muniuit galea fulgenti,
quam decorauit laminis argenti
faber et opus aptauit electri
giro circinni.

XXXI

Equum ascendit quem trans mare uexit
barbarus quidam necne comutauit
aureis mille, qui plus uento currit,
plus ceruo sallit.

XXXII

Talibus armis ornatus et equo
—Paris uel Hector meliores illo
nunquam fuere in Troiano bello,
sunt neque modo—

XXXIII

tunc deprecatur...

www.ingramcontent.com/pod-product-compliance
Lightning Source LLC
Chambersburg PA
CBHW030632110726
47901CB00002B/413

9781949938135